U0040674

Master Key System
致富金鑰

神奇並影響世界首富的 24 堂課

作者 查爾斯·哈尼爾

譯者 王莉莉、許耀仁

人生，開始很順暢的運轉

「這個還有另外一套類似的，叫做 The Master Key System，你可以去找找看。」

在看到我帶去的、我自己翻譯、自己找印刷廠印製的《失落的世紀致富經典》（後來正式出版，成了暢銷書《失落的致富經典》）的時候，我的一位外國朋友這麼說。

這是我第一次聽到《致富金鑰》。

說實在，當時只是聽聽而已，連把它寫下來都沒有，但沒想到這套系統，後來改變了我自己，以及很多人的生命。

記得那時約莫是 2006 年初，我去馬來西亞，為我當時經營的一個組織行銷事業做「最後一博」。

長話短說，我在那邊待了一個月、沒有得到什麼成績……可說是灰頭土臉地回到台灣來。

「再來要怎麼辦？」

有好長一段時間，只要醒著的時候，這個問題就如影隨形地跟著我。

繼續「堅持到底」？但我已經堅持夠久了。放棄改做別的？那我要做什麼？

那時，我想起從馬來西亞帶回了一片 DVD，標籤上面寫的是「The Secret」。

那時「祕密」的風潮還沒燒起來，「吸引力法則」也還沒這麼人人朗朗上口，而坦白說，我在馬來西亞第一次看那片 DVD 時，只看了 15 分鐘就把它關掉了，心裡的聲音是：

「這我早就知道了～」

不過回到台灣、在幾乎已經走投無路的狀況下，我跟我太太（當時的女友）說：「我們來看看這片 DVD 吧？」

有的時候人生需要的就是一個「眉角」，一個點通了，整條任督二脈就通了。

這麼一看，看到了個重點，而這個重點很神奇地讓之前不知道為什麼卡住動彈不得的人生，開始很順暢的運轉。

之後的三個月，之前賣不出去的存書不僅賣光還加印、出版社自己找上門來說要出我的譯本、我在沒有教育訓練公司背景下自己開班授課還滿班……

這些事情的發生，讓我開始相信「吸引力法則」之類的宇宙法則還真的存在，也引起我繼續研究的興趣。

我是個很需要「吾道一以貫之」的人，那種零散的、背後沒有合理的骨架來整合的知識，總會讓我學習起來渾身不對勁；所以，即便我上網找了很多資料、也看了很多拉拉雜雜的相關書籍，但總是覺得癢處沒有被搔到。

我一直很愛一句話：「學生準備好了，老師就會出現」。

就在那時，我那位外國朋友的聲音突然在腦中響

起說:「這個還有另外一套類似的，叫做 The Master Key System，你可以去找找看。」帶著對自己記憶力怎麼變這麼好的驚訝，我上網去找了這幾個關鍵字，才發現這套東西真的很有意思。

跟《失落的致富經典》一樣，《致富金鑰》也是在 20 世紀初問世；也跟《失落的致富經典》一樣，它談的是「靈性力量」這個看似虛無飄渺難以捉摸的東西，背後其實是由精準的科學法則來掌控……

不一樣的是，《致富金鑰》的作者查爾斯‧哈尼爾在一開始的時候，是用 24 週函授課程的方式來傳遞這些知識。

一看到這一點，我就覺得「這實在太讚了」。

這是因為光是隨便想想，我就想到這種型態的幾個好處，比如：

‧可以由簡入繁、由淺入深，讓學生能按部就班打穩基礎。

‧每週只要專注於搞懂當週內容、熟練當週的實作練習，所以學生不會資訊超載而不知從何著手。

‧進度是一週一週進行，這也強迫學生必須依照進度來，沒有「只挑自己喜歡的去做」的機會，可以真正打好必要的基礎。

而且，它還不只是講理論而已，每個星期的內容中都有提供一個實作練習，讓你可以理論跟實務並進。

所以後來我就把整套《致富金鑰》翻譯好，並且仿

照查爾斯・哈尼爾當年的作法，提供 24 週的函授課程。

這麼一想才發現……

時間過得還真快，從 2007 年我開始提供《致富金鑰》24 週函授課程到現在，一轉眼已經八年過去了。

儘管在這八年間，我的重心轉移到其他領域而沒有再投注多少心力在推廣這套系統上，但這幾年來，前前後後加起來應該也有至少四五百位以上的朋友修習了這套課程，並因為認識到如何正確應用心靈的創造力量而改變他們的人生。

這之間時不時有人會建議我更新一下這套系統，出個「致富金鑰 2.0 版」或「21 世紀致富金鑰」之類的，不過我總覺得時機未到，直到 2014 年底……

我觀察到，我們心靈層面的安定程度，跟最近幾年社群媒體與智慧型手機的成長剛好成反比；而另一方面，在現在這個「三天一小變五天一大變」的時代，我們似乎更需要專注在一些不變的東西……

透過知道並掌握一些永遠不變的東西，來因應這個變動前所未有的激烈時代。

所以，我開始盤點手上有哪些資源可以做到這件事，而你手上的這本書就是其中之一。

也許你沒想這麼多，你翻開這本書，只是想找找看還有沒有什麼「祕密」能幫助你實現你想要實現的願望、夢想或目標而已。

如果是這樣，那我保證這本書裡面絕對有你要找的

東西—就像我前面寫到的，很多時候就是一個「眉角」而已，當你從修習這本書的過程中，找到那個「眉角」的時候，你也會感覺到任督二脈瞬間被衝開、一切突然間變得如同水到渠成的那種感覺。

不過，有一件事情要提醒你：

根據我自己、以及我之前那四五百位《致富金鑰》學員們的經驗，最能確保你找到那個「眉角」的方法，就是照著查爾斯·哈尼爾一開始設計這套「系統」時的方式來使用它，也就是在接下來的 24 個星期之間：

- **依序每週只研讀當週的內容**
- **每天至少研讀一次當週課文**
- **每天至少做當週課文裡的實作練習 15~30 分鐘**

根據我的經驗，那些沒能獲得《致富金鑰》該有的成效的人，要不就是想趕進度，所以一次把它讀完然後也擱下一句「這我早就知道了」；要不就是讀歸讀、聊歸聊，但從來沒去做當中的練習……

手上拿著這本書，表示你已經踏上了正確的第一步，不過希望你不要也做跟上面說的一樣的事情，然後才來「打不贏怪兵器不好」（註：這是「臥虎藏龍」裡玉嬌龍的名言，我超愛的）。

24 個星期是接近 6 個月，這時間說短不短，但說長，其實也不太長。

想想看，如果你能耐著性子投資 24 週的時間，然後在半年之內，你能讓你找到欠缺的那個「眉角」，讓你從

此之後的人生都能掌握「思想」這股宇宙間最強大的創造力量……其實還挺划算的，對吧？

有的人看起來似乎不太費心用力，就能吸引到成功、權力、財富、成就，有的人是歷經極大困難才能有所成就；而也有的人完全沒能達成他們的抱負、渴望與理想。

為什麼會這樣？

為什麼有的人能輕易地實現他們的抱負、有的人要歷經困頓、而有的人則根本沒能做到？這背後的原因不會在生理層面，若是這樣的話生理上最完美的人就會是世界上最成功的人了。

因此，這幾種人之間的差別必定在心理層面、在他們的心智裡，也因此，心智必定是背後的那股創造力量，祂必定是人與人之間的唯一差別。

也因此，能讓人克服環境、以及路途中種種挑戰的，就只有心智的力量。

當一個人能完全了解思想的創造力量時，能產生他人眼中看來非常神奇的果效。然而要達到這樣的成果，會需要適切的應用、努力、以及專注。修習此道者將會發現，掌控心智與靈性世界的各個法則，就跟在物質世界一樣，是固定且不會失誤的。因此，如果想獲致想要的成果，就必須了解背後的法則並且依之而行。當你正確地依循法則去做的時候，就會毫無偏差地得到想要的結果。

當修習此道者了解到力量其實來自於內在、了解人之所以軟弱的唯一原因是他仰仗來自外在的助力，當他毫不遲疑地開始完全仰仗自身的思想時，就能立刻修正自己、挺直身軀、帶著主導人生的態度，並且行出奇蹟。

　　由此可顯然得知，沒能通盤了解並善用科學中最新、最偉大進展的人們，將很快就會遙遙落後，就像那些拒絕承認與接受對於「電」的各種法則的理解，已經為人類帶來了多少好處的人們一樣。

　　當然，心智既然能創造出你想要的狀況，也一樣能創造出負面的狀況；而當我們在有意或無意之間，心裡想著任何一種缺乏、限制與失調的狀況時，就會創造出這些狀況。這也正是很多人在無意識之下一直在做的事。

　　這個法則、以及所有其他法則對任何人都是一視同仁、持續不斷地運作著。祂會毫不留情地把每個人自己創造的事物送到他們面前；換句話說，就是「人種的是什麼，收的也是什麼」的道理。

　　所以，富足的根源，在於要認識到關於富足的各種法則，並且了解「心智不只是創造者，同時也是唯一的創造者」這個事實。

　　在我們知道一個東西可以被創造出來，然後付出適當的辛勞之前，沒有任何東西會被創造出來，這一點顯而易見。

　　就像現今世上有的電力，並不比 50 年前有的電力來得多；但卻是一直到有人找到能讓電力為人所用的法則之

後，我們才能享受到電帶來的好處。在人類已經了解跟電的相關法則的現在，基本上整個世界都被它照亮。

所以，也只有認識跟富足相關的法則、並且肯讓自己與這些法則協調一致的人，才能享受到祂帶來的好處。科學的精神現在已經掌控了各個領域，因與果之間的關係不再遭到忽視。

對於「法則」這個領域的發現，在人類的進步史畫上了一個新紀元。這個發現消弭了人生中的種種不確定與無常，並以法則、理性與準確性取而代之。現在人們知道在每一個果的背後，都有一個適切且絕對的成因；也因此，當想要達到特定的成果時，就只要尋求達到能產出那個成果的條件就可以了。這一切法則背後的根基，是由歸納推理法發現的，其方法是把多個不同的例子互相比較，直到找到一個共通的要素為止。

文明國家之所以能獲得龐大財富、以及更有價值的：他們的知識，很大部分要歸功於這種研究方法。這種研究方法讓人類延長生命、減輕痛苦、跨過河流、並用白晝的光芒照亮夜晚；這種研究方法擴展了視野、加快了移動的速度、縮短了距離、便利了交通、並讓人類能潛入深海、飛上天空。理所當然地，人類很快就致力把這種研究系統，延伸應用到探究他們的思考方式上，而當結果顯示某些結果顯然依循著某種特定的思考方式時，接下來要做的事情就是將它們分門別類而已。

這種方法非常科學，而也唯有透過這種方法，我們

才能保有現在被我們視為不可剝奪權利的、我們現在享有的自由程度；這是因為唯有當國家儲備重視健全的成長餘額、公眾與私人事務的積累效率、科學與藝術的持續進步、並且不斷提升國家在這些領域以及圍繞著提升個人或整體生命的其他國家發展領域的努力時，一個人在家中與在世界上才會感到安全；而科學、藝術與道德則為此提供了指引與控制力量。

本書是根基於絕對的科學真理，並將揭開埋藏在每個人內在的可能性，同時還會教導如何才能把這些可能性轉化為強而有力的行動，藉此提升個人的效率、帶來更多活力、洞察力、精力和內在的彈性。能了解這當中揭露的心靈法則的學員將會獲得一種能力，能獲致他過去無法想像的成果，他能得到的回饋難以用文字來形容。

在當中說明了如何正確運用心靈本質當中接收的部分以及活躍的部分，並指引學員從中看到機會；這套系統也能強化意志與推理能力，並教導如何培養並善用想像力、渴望、情緒與直覺等能力，讓學員能積極主動、對目標堅持到底、在抉擇時充滿智慧、明智地同理他人，並能以更高的層次享受人生。

本書傳授心靈力量的運用之道——是真正的心靈力量，而不是其他替代物與扭曲誤解後的產物；當中教授的內容與催眠、魔術或任何看似炫目，實際上只是障眼法，會誤導人以為有東西真的能憑空出現的東西截然不同。本書能培養與發展你的理解認知，讓你能掌控自己的身

體，進而改善健康、能提升與強化記憶力；它也能強化你的洞察力，那種在每個成功的商業人士身上都會看到的，極為罕見的洞察力、那種能讓人看清在每一個狀況下的困難與可能性的洞察力、那種能讓人看清近在眼前的機會的洞察力——因為總有許多人對於伸手可及的機會視而不見，卻又汲汲營營於那種根本不可能帶來實質回報的東西。

本書開發出的心靈力量會讓其他人直覺地知道你是充滿力量又有品格的人，而他們將因而想要去做你要他們做的事；這也表示你會把人們與各種事物吸引過來、你會成為有些人會說「運氣很好，好事總是發生在他身上」的人。你也會理解大自然的基本法則，並讓自己與這些法則協調一致；你會與「無限」同頻共振、你會了解「吸引力法則」、自然界的成長法則，以及能讓你在社會上與商業世界中佔盡優勢的各種心理法則。

心靈力量是種創造力量，祂賦予你由你自己來進行創造的能力；但祂並不是一種讓你可以從某人身上奪走某個東西的能力。大自然從來不這麼做。大自然會讓原本只長一片葉子的地方長出兩片葉子，而心靈力量使人類也能做到同樣的事。

本書能培養洞察力與聰明睿智、提高人的獨立自主、以及助人的能力與傾向，而且還能消除不信任、沮喪、恐懼、憂慮以及任何型態的缺乏、限制與軟弱，包括疼痛與疾病等等；它能喚起過去被深埋的才能、讓人積極進

取、獲得力量、能量與活力——它也能喚醒對藝術、文學與科學的鑑賞能力。

本書已經藉由用明確的原則取代那些不確定且模糊的方法，改變了數以千計人們的人生——這是每一個有效率的系統都需仰仗於它的原則。

美國鋼鐵公司的主席艾博特·蓋瑞（Elbert Gary）曾說：「對絕大多數的企業來說，要做到成功的管理，顧問、指導者與效能專家們提供的服務是不可或缺的，不過，我認為能否認識並採用正確的原則比什麼都來得重要。」

本書傳授各種正確的原則，並提供各種能實際應用這些原則的方法，這一點讓它與這個主題的其他課程有所不同。本書強調任何原則都只有在實際應用出來時，才能產生價值。許多人看了很多書、購買了自修課程、參加各種演講，但終其一生都沒有真的把所學原理的價值展現出來。在本書裡，就提供了許多練習，這些練習能展現當中各原理的價值，並讓人能在日常生活中落實出來。

世界的思想正在發生一場大變革。這變革無聲無息地進行著，而且可說是自異教信仰沒落後，這世界經歷的最大變革。

對所有階級的人們——不管從最高階、最有教養的菁英到勞動階級的人，大家都一致地認為現在的革命已經是世界史上最獨一無二的了。

近代科學帶來大量的新發現，揭露了無窮盡的資源，

進而讓世人得知各種龐大的可能性與未知的力量，而這也使得科學家們越來越不願意去斷定某些理論已獲得證實，或指稱某些理論根本荒謬無理而不可能為真。這種狀況導致一個新文明的誕生，習俗、教條與專制思想已經過去；願景、信心與服務精神則取而代之。人性已經掙脫傳統的枷鎖，就在物質主義的殘留物逐漸被消耗殆盡的時候，思想正逐步解放，而真理則現身在震驚不已的群眾面前。

整個世界都在進入一種新意識狀態的前夕，一種新力量與新意識、一種新力量與對於內在世界中各種資源的覺知。人類在上個世紀見證了史上最大的物質層面進步，而這個世紀會是心智與靈性力量獲得最大的進展。

物理科學把物質分解成分子、把分子再分解成原子、再把原子分解成能量，安布羅斯・弗萊明（Ambrose Fleming）爵士在一場皇家學會的演講中，則又把這股能量分解成心智。他說：「除了透過我們稱為『心智』或『意志』的直接運作產生的演示之外，我們可能完全無法理解能量的終極本質。」

讓我們一起看看自然界最強大的力量有哪些。在礦物界，一切都是堅硬且固定不動的，動植物的世界則是流動的狀態，一切都不斷在變動著，創造與再造永不休止；而在大氣中則有熱、光與能量。當我們由可見走向無形、由粗糙走向精緻、由低電位走向高電位，每個領域都變得更美好、更具靈性。當我們到看不見的世界時，

會發現能量處在最純淨、最容易變動的狀態。

就像自然界最強大的力量，都是那些看不見的力量，我們也會發現人類最強大的力量，也是看不見的力量——他的靈性力量，而靈性力量要顯化出來的唯一途徑，就是透過「思考」。「思考」是靈性能進行的唯一活動，而思想則是思考的唯一產物。

因此，添加與減少其實是靈性層次的事務，推理是一種靈性層次的過程、想法是靈性層次的概念、疑問是靈性層次的探照燈，而邏輯、辯論與哲學則是靈性的載具。

每個思想都會導致大腦、神經、肌肉或某個生理組織的運動，而這會導致組織結構發生變化。也因此，一個人只需要對某個主題有特定數量的思想，就可以導致他整個生理組織的完全改變。

這就是能轉失敗為成功的程序。勇敢的思想、力量、靈感與和諧，取代了失敗、絕望、缺乏、限制與失調；而在這些思想紮根之後，生理組織就會跟著改變，個體將以新的觀點看待生命、陳舊的事物已然消逝，一切都汰舊換新。他將會重生，而這次他是帶著靈性降世；對他來說生命有全新的意義，他改頭換面，充滿喜悅、自信、希望與能量。他能看到過去視而不見的成功機會，他能辨識出過去對他來說毫無意義的種種可能性。現在他內在的成功思想滿溢，也照亮了他周遭的人，而這些人則回過頭來協助他向前挺進、向上提升。他把成功者們吸

引過來，而這改變了他的環境。所以藉由這個簡單的思想訓練，他不只改變了自己，也改變了他的環境、際遇與狀態。

　　你將會、也必須看見我們正處於全新一天的清晨，而背後的可能性如此美好、如此動人、如此無所限制，甚至到了令人應接不暇的程度。在一個世紀前，一個人只要手執一挺格林機槍，就可能殲滅裝備著當時戰備的整支軍隊；現在也一樣，任何人只要具備了本書中蘊含的各種可能性的知識，就能擁有難以想像的優勢而超越眾人。

本書使用說明

您好：

感謝您參加本書 24 週自修課程，為了讓課程達到最高效果，有幾點事項要說明並請您配合。

Charles Haanel 在原版裡給學生的說明書（請見下面）當中提到幾個要求，包括：

◎在收到下一週進度之前，**每天至少閱讀當週進度一次（請見第 4 點）**。

◎**不斷練習課程中指定的實作練習**，直到確定能完全控制您的思想程序。（請見第 7 點）

◎**在日常生活中應用從課程中學到的方法。**（請見第 8 點）

◎**不需要操之過急**，如果還沒有完全弄懂前一週進度，或是進度落後，則不需要急著進入新進度。速度不是重點，完全弄懂課程內容才是。（請見第 11 點）

請務必做到 Charles Haanel 當年要求學生們做到的這些事情，本書之所以能夠對人們產生這麼大的影響與幫

助，原因除了所傳授的「內容」之外，「進行的方式」更是一大關鍵。本書稱為「系統」，就是有信心只要您照著作，就可以得到同樣的結果。

除了 Charles Haanel 所提醒的項目之外，我也要事先提醒您一些事情：

◎**把您手邊的所有「成功學」書、課程等資料收起來**——在這 24 週當中暫時不要接收任何可能跟本書觀念衝突的資訊。先假設本書就是您的答案，並用接下來 24 週來印證。

◎ 不要真的每天只閱讀課文與做練習一次——那是最低要求，若您要追求的是最快速得到最好的成果，非常建議您要求自己，**每天至少早上起床與晚上睡前各閱讀課文與進行實作練習一次**，若次數與時間能再增加就更好了。

最後，預先祝福您在 24 週內得到您所想要的一切。

P.S. 善意提醒：本書內容受著作權法保護，請勿任意複製或直接全文公開朗讀。

目 錄

導言

　　人類擁有一種內在力量，對這股力量而言，世上的事物都像是液體一般，而人類可運用這股力量隨心所欲地控制它們。

關於心靈的基本知識

　　思想就是能量。活躍的思想就是活躍的能量；專注的思想就是集中的能量。將思想專注在某個確定的目的之上時，思想就成為力量。

瞭解心靈蘊含的龐大資源

　　如果你能真正瞭解自己擁有的力量，並堅持自己的目標，那麼只要目標正確，就絕對沒有失敗的可能。

導言

Charles Haanel 給你的信

很榮幸能隨此函附上本書的第一週課程。

你想為人生增添力量嗎？那麼就得要先去深入瞭解「力量」這個東西。你想要更健康嗎？那就得要先去深入瞭解「健康」這個東西。想要更快樂？那就得要先去深入瞭解「快樂」。然後活出充滿力量、身心健康、快樂的精神，直到力量、健康、快樂都成為你的一部份為止；這時，就算有人想把它們從你身上奪走，也是不可能的。

人類擁有一種內在力量，對這股力量而言，世上的事物都像是液體一般，而人類可運用這股力量

Charles Haanel

隨心所欲地控制它們。

　　你本就擁有這股力量，所以並不需外求。然而你必須要去瞭解它、使用它、控制它、讓它充滿全身；如此，你將能大步向前，創造屬於你的世界。

　　每天，當你不斷努力前進時、當你獲得生命的動能時、當你領受到強烈的靈感時、當你的計畫如水晶般澄澈時、當你透徹人生時—你都會逐漸瞭解，這個世界並不是由沒有生命的石塊、木材堆積而成，而是一個活生生的存在！她是由人類的生命所構成、是有生命的美好之物。

　　要能瞭解上面所說的，顯然需要一定程度的悟性，而一個人若能得到這種悟性，就會被一種新的光、新的力量所啟發，他每天都能獲得自信與更強的力量，他能使其願望成真、能使其夢想成實現，他的人生將有更深、更完整、更清楚的意義。

　　現在，就讓我們開始研究第一週的課程吧！

「富者越富，貧者越貧」這個道理，可以適用於任何層面。

人的心靈具有創造能力，而人生中的各種狀況、環境、經驗都是我們習慣性的心態或主導心態所造成的結果。

一個人的心態如何，是取決於他的思想。是故取得一切力量、一切成就與一切財富的祕密，就在於我們的思考方式。

這是因為我們必須先「是」而後才能「做」，且我們僅能「做」到我們所「是」的程度，同時我們「是」什麼，則取決於自己的思想。

我們無法展現出自己沒有的力量。而要獲得力量，唯一的方式就是要先對力量有所認知；如果不知道一切力量都源自人的內在，則將永遠無法對力量有所認知。

❧ 一切力量都源於內在

有一個內在的世界存在著——那是一個充滿思想、感覺與力量的世界，那是一個充滿光、生命力與美的世界；雖然看不見，但是卻具備著偉大的力量。

內在世界是由心靈掌管。如果我們去探索這個世界，就能找到任何問題的解答、任何果效的前因；而又由於內在世界是由人所掌控，所以人也可以掌控一切關於獲取力量與物業的法則。

外在的世界則是內在世界的映照。顯現在外在世界的事物，都早已發生在內在世界當中。內在世界中存在著無限的智慧、無限的力量、對所需之物的無限供給，等待著人去揭

露、開發、使其得以展現。我們若能對內在世界的潛力有所認知，就能使其在外在世界中成為實體。

若取得內在世界的協調一致，則映照於外在世界的就是和諧的狀況、美好的環境、最棒的一切。這是健康的基礎，也是一切偉業、一切力量、一切成就的基本要素。

「內在世界的協調一致」是指能控制自己的思想，並且決定要讓某一經驗對我們產生何種影響的能力。

與內在世界協調一致時，會帶來樂觀與富裕；而內在世界的富裕會帶來外在世界的富裕。

外在世界會反映內在世界的狀況。

如果我們能得到內在世界中的智慧，就能洞悉潛藏在這內在世界中的無限可能性，並將獲得能使這些可能性展現在外在有形世界的力量。

在我們開始意識到「內在世界蘊含著無限智慧」這件事時，就已經在心中獲取了這智慧；而在心中先獲取這智慧將讓我們能進一步真正獲得我們所需的力量與智慧，來讓我們發展到最完整、最協調的境界。

人的勇氣、希望、熱忱、自信、信任與信仰，實際上都是源自於內在世界；也只有經由內在世界，人才能得到可看清其願景的智慧以及可使其願景成真的能力。

人生是一種「展現」，而不是發生在身上的種種事件累積起來的結果。我們在外在世界中所遭遇的，早就已經發生在內在世界中。

要「擁有」之前，必須要先有「有那個東西存在」的認

知。所有的「得到」都是這種認知累積而成；所有的「失去」都是因為缺乏這種認知。

協調一致時，心才會有效率；不協調時心就混淆。因此，一個人如果想得到力量，就必須與「自然律」協調一致。

我們是透過「客觀心」與外在世界互通，「腦」是客觀心所操縱的器官，並透過腦脊髓神經系統，讓我們能有意識地與身體的各個部分溝通。這個神經系統會對光、熱、氣味、聲音、味道等知覺做出回應。

當客觀心能正確地思考時、當客觀心能瞭解真理時、當透過腦脊髓神經系統傳送給身體的思想是建設性的思想時，這時我們的感覺是愉快的、和諧的。

這時對我們的身體會產生「變得更強壯」、「更有活力」等正面的影響。然而，壓力、疾病、缺乏、限制等各種不協調的狀況卻也是因為同一個客觀心的允許，才能夠發生在我們的人生當中。所以，我們會與那些毀滅性的力量產生關係，都是因為客觀心的思想錯誤所造成。

我們是透過「潛意識」與內在世界互通，「太陽神經叢」是潛意識所操縱的器官。交感神經系統掌控了所有的主觀感受，如喜悅、恐懼、愛、情感、想像力、呼吸等所有潛意識的現象。我們是透過潛意識與「天地之心」彼此相連，也是透過潛意識而能與宇宙的無限創造力量互通。

我們心靈的這兩個部分各有什麼功能？如何才能使這兩者協調合作？其答案是人生的最大祕密。如果能具備這個知識，就可以有意識地讓主觀心與客觀心彼此合作，使「有限」

與「無限」互相調和。

　我們的未來將完全由自己來掌握，而不再任由無常的外在力量擺佈。

　幾乎每個人都認同有一個遍及整個宇宙的「原理」或「意識」存在著，「祂」充滿宇宙的整個空間，且不管在哪裡的「祂」都擁有相同的性質與能力。祂全知、全能、永遠存在，所有思想與事物都在「祂」裡面。

　宇宙間唯有一個能夠思考的意識存在，當「祂」思考時，其思想就會成為客觀存在的事物。因為這個「意識」的特性之一是「無所不在」，因此祂必然也存在於你我之中；所以，每一個人都是這個全知、全能、無所不在的「意識」的一種展現。

　由於宇宙間只有一個能夠思考的意識存在，那就表示你的意識與那「天地意識（Universal Consciousness）」其實是同一個意識；用另一個方式來說，就是「萬心為一心」。這是個無可迴避的結論。

　集中在你的腦細胞中的意識與集中於其他每一個人腦細胞中的意識，其實是同一個意識。每一個人其實都是那「天地之心（Universal Mind）」獨特化、個體化之後的結果。

　「天地之心」是靜態或潛在的能量，祂要透過人才得以呈現，而人也只有透過祂才得以呈現，一切都是一體。

　人擁有的「思考」這個能力，就是能影響「天地之心」、使其能在有形世界中顯露出來的一種能力。人類也就是因為有思考的能力所以才有意識。「心」是一種非常微妙的靜態能

量，當這個能量動起來時，就產生了被稱為「思想」的這種活動。「心」是靜態能量、「思想」是動態能量—這兩者是一體兩面。所以，「思想」可說是將靜態的心轉換為動態的心時所產生的振動力量。

由於任何屬性、特質都包含在那全知、全能、無所不在的「天地之心」中，可知同樣的屬性、特質也必然以其潛在形式存在於每個人的內在。因此，當人們思考時，其思想也必然會順其天性而具體化，成為有形世界的客觀存在。

因此可知我們所經歷的一切都是「果」，而我們的思想才是「因」；也因此，開始掌控你的思想，使其僅會帶來你想要的經歷、體驗，這一點極為重要。

一切力量都源於內在，且一切力量完全在你的掌握之中；這個事實是透過精確的知識研究以及不斷運用所發現的各種原則而得到的。

顯而易見的，如果你能對這個定律有透徹的瞭解、如果你有能力控制自己的思想程序，那麼就可以把這個方法運用在任何狀況下。也就是說，你將能開始有意識地運用那能創造萬物的全能法則。

「天地之心」是存在於宇宙每個原子中的生命原理；每個原子都不斷努力著要創造出更多生命、每個原子都有智能，都在想辦法實現它們被創造時意圖要達成的目標。

❧ 內在世界是「因」，外在世界是「果」

大部分的人都活在外在世界中，只有極少數人願意去探

索內在世界。但是造就了他的外在世界的，卻是他的內在世界；內在世界是有創造力的，你在外在世界中看到的一切，都早就由你自己在你的內在世界中創造出來了。

這個系統將讓你瞭解一種力量，當你真正瞭解內在世界與外在世界之間的關係時，就可以獲得這個力量。內在世界是「因」，外在世界是「果」，如果要改變「果」，就得要先改變「因」才行。

這是一個很新穎且特異的觀點，大多數人都試圖透過在「果」上面下功夫的方式來改變「果」，但這樣做只會把一種煩惱換成另一種煩惱而已。如果想要解決不協調的問題，就必須要把「因」解決掉，而只有在內在世界才能找到這個「因」。

所有的成長都源自於內在世界。自然界處處都是證據，每一種植物、每一種動物、每一個人都是這個偉大定律的見證，所以，想要由外在世界去尋找力量是最大的錯誤。

內在世界就像是水源，外在有形世界就像是讓水流出的出口。我們能從「天地泉源」接收到多少，就取決於對祂有多少認知，因為每一個人都是這個「無限能量」的出口。

人的「認知」是一種心智活動，因此我們可以知道，人的心智活動就是每個人與「天地之心」的互動方式；而由於「天地之心」就是那瀰漫於所有空間、賦予動物生命的智慧體，因此透過「認知」這種心智活動而產生「接收到更多」的結果，就是一種不變的因果關係，這個因果律並不是源自於人，而是源自於「天地之心」。這並不是一種客觀能力，而是

一種主觀的程序；我們可以在各種狀況或經驗中找到無數的例子來證明這個因果關係的存在。

要展現生命就必須要有心靈存在；如果沒有心靈則不會有任何事物存在。目前存在的一切都是這一個基本的存在體的某種呈現方式；萬物都是被此物質或以此物質所創造或是再造。

我們活在一個充滿一種具有可塑性的心靈物質的宇宙，這個物質有生命、且具有極高的敏感度；祂會依心之所欲而成型。而塑造讓此物質成型的模具的，就是我們的「思想」。

❧ 本週練習內容

請牢記：唯有「使用」才能產生價值，如果對這個定律有深入的瞭解，就能以豐盛取代貧窮、智慧取代無知、協調取代失調、自由取代暴政，不管從物質或社會的觀點來看，這無疑都是極大的祝福。

現在就讓我們開始「使用」：請找一個可獨處且不被打擾的空間；讓自己舒適地坐著，但要坐正而不要靠躺著；目前還不需要在意你的思想如何奔馳，只要讓自己處在完全靜止不動的狀態，這樣做 15 ～ 30 分鐘。如此練習三、四天或一星期，直到你可以完全控制你的身體在「靜」的狀態為止。

這個練習對某些人來說非常困難，對某些人來說則非常簡單，但不管怎樣，在繼續進行未來的進度之前，你必須要先能完全控制你的身體。下個星期你就會知道接下來要做什麼，現在只要先把這件事做到最好即可。

📖 測一測你的理解力

（看題目時請遮住解答。請先完成本測驗再開始新一週的進度。）

Q1 內在世界與外在世界的關係為何？

Ans. 外在的世界則是內在世界的映照。

Q2 要「擁有」的先決條件是什麼？

Ans. 必須要先有「有那個東西存在」的認知。

Q3 人是如何與外在的客觀世界互通？

Ans. 人是透過「客觀心」與外在世界互通，「腦」是客觀心所操縱的器官。

Q4 人是如何與「天地之心」相連？

Ans. 人是透過「潛意識」與內在世界互通，「太陽神經叢」是潛意識所操縱的器官。

Q5「天地之心」是什麼？

Ans.「天地之心」是存在於宇宙每個原子中的生命原理。

Q6 人可以透過哪一種能力，使宇宙依心之所欲而成型？

Ans. 人擁有的「思考」這個能力，就是能影響「天地之心」、使其能在有形世界中顯露出來的一種能力。

Q7 由此，我們可以瞭解到宇宙中有哪一個因果關係的存在？

Ans. 人的每個思想都是因，人所遭遇的每個狀況都是果。

Q8 人要透過什麼才能與宇宙協調一致，並得到自己想要的？

Ans. 透過正確的思想。

Q9 壓力、疾病、缺乏、限制得以發生的原因是什麼？

Ans. 壓力、疾病、缺乏、限制都是錯誤思想的產物。

Q10 一切力量都源自於何處？

Ans. 一切力量都來自內在世界。

關於心靈的基本知識

Charles Haanel 給你的信

　　我們之所以遭遇困難，最大的原因就是自己的想法混淆，以及不知道或不在乎該怎樣做才能為我們帶來好處。要解決這個問題，就必須去探索隱藏在背後的各種自然律，如此我們才能知道該如何調整自己。在這過程當中，清晰的思考能力以及深入的洞察力非常重要；所有的進程，包括思考這方面，都需要建構在紮實的基礎之上。

　　你的情感越是熱切、判斷越是敏銳、品味越是精巧、道德感越是強烈、理解力越是精鍊、渴望越是崇高—則所能得到的滿足與喜悅就越是純淨與強

Charles Haanel

烈。而也只有研究世間各種最精妙的思想，才能帶來這種至高的喜樂。

能解開並瞭解心靈的力量、其運用方式、以及其所蘊藏的可能性，這件事本身就比任何物質上的奢華成就更加美好。

思想就是能量。活躍的思想就是活躍的能量；專注的思想就是集中的能量。將思想專注在某個確定的目的之上時，思想就成為力量。只有不相信「貧窮是美德」、「自我否定是一件美事」這類弱者才有的觀念的人，才能夠運用這股力量。

一個人能否接收並運用這股力量，取決於他是否能察覺本就存在於人類內在的「無限能量」；這股力量持續不斷地創造與再造其肉體與心靈，且隨時都準備好要透過他轉化為任何他所需的型態。人對於這個真理瞭解多少，他在外在世界就能得到多少。

這一週就要談談如何才能做到。

潛意識是各種心靈現象的發生之所

心靈的運作是由兩個平行運作的活動模式所組成，一個是表意識，另一個則是潛意識。戴維生教授這麼說：「如果認為用表意識的光芒，就足以照亮整個心靈活動，那就好像認為用燭光就足以照亮整個宇宙一樣。」

潛意識的運作具有確定性與規律性，且沒有發生任何錯誤的可能性存在。我們心靈的設計極為精巧，它是我們之所以能擁有認知能力的重要基台，然而我們對於其運作模式的瞭解卻極為淺薄。

對我們而言，潛意識就像是一位總帶著善意的陌生人，他為我們提供所需的供應品，他只把成熟的果子摘下給我們。而經由對思想程序的根本研究與分析之後，我們發現潛意識就是各種重要心靈現象的發生之所。

莎士比亞必定是透過潛意識，才能毫不費力地領悟到那些表意識所無法想到的偉大真理；菲迪亞斯（Phidias）[註1]也必是透過潛意識，才能將大理石與銅塊雕塑成偉大的作品；拉斐爾（Raphael）[註2]繪製聖母像、貝多芬創作交響曲時，也都是透過潛意識。

人越能不去依靠表意識，就越能達到輕鬆寫意與完美無瑕的境界；不管是彈鋼琴、滑雪、打字、還是進行買賣交易，如果想要做到完美，都必須要靠潛意識才行。當你看到一個

註1.希臘雅典雕刻家。帕台農神廟建築工程的藝術指導，創造了廟中最重要的神像，監督並可能還設計了廟中全部裝飾。

註2.義大利畫家，他以繪出眾多的「聖母像」最負盛名。因著他的聖母畫像，他被譽為「畫聖」。

人能一邊彈奏著複雜的鋼琴曲目，還能一邊與他人進行深度的對話時，就能瞭解我們的潛意識有多強大的能力。

我們都知道自己有多麼依賴潛意識，而如果我們的思想能提昇得更恢弘、更崇高、更有智慧，就更會知道潛意識的起源遠超越我們的知識範疇。我們知道自己擁有機智、直覺、以及對音樂與藝術等「美」的感受等種種能力，但是對於這些能力的來源及所在之處卻毫不瞭解。

潛意識是無價之寶；它給我們靈感、它警示我們、它為我們從存儲記憶的倉庫中找出各個名字、事件、與場景。它引導我們的思想、感受、並且幫我們完成任何人的表意識都無法做到的複雜工作。

我們能依照自己的意願四處行走，只要我們想要就可以舉起手臂，我們能夠隨心所欲去看或是聽。而另一方面，我們無法停止自己的心跳或血液循環；我們也無法停止身體的生長、神經與肌肉組織的形成、骨骼的建構等種種攸關生命的機能。

表意識 V.S. 潛意識

如果把前面這兩類行動拿來比較，會發現前者是人的意念在某個當下發佈的指令，而後者則是以宏偉莊嚴且有韻律的方式運作著，不會躊躇猶豫，且每時每刻都恆常不變。我們對後者心懷敬畏，而希望箇中奧妙能獲得解釋。我們發現，後者都是一些攸關生命存亡的機能；因此我們可以自然地推論，這些重要機能是刻意這樣設計，使其無法由我們的意念

來控制，且使其僅受我們內在那股恆常不變且可信賴的力量指揮。

這兩股力量中，屬外且可改變的被稱為「表意識心」或「客觀心」（因其負責處理外在世界的事物）。屬內的那股力量被稱為「潛意識心」或「主觀心」，它除了有心智層面的作用之外，也負責控制種種攸關生命的日常機能。

我們對於這兩者在心智層面各有什麼功能、以及各種有關這兩者的其他基本原理都必須要有清楚的理解。表意識是透過人體的五種感官來感知與運作，它負責處理來自外在世界的事物。

它擁有「判斷」這個能力，也因此它擔負了「選擇」的責任。它擁有「論證」的力量—不管是歸納、演繹、解析或三段論法—而這個能力可以透過開發而達到更高的水準。它也是人的能量之源—意志力的所在。

它不但可以對他人的心靈產生影響，更可以指揮潛意識。因此，表意識擔負著管理與保護潛意識的責任；而能使你的人生現狀完全扭轉的，就是這個層次極高的功能。

人之所以會被恐懼、擔憂、貧窮、疾病、不協調等各種「惡」所支配，通常都是因為其潛意識在沒有受到防護的狀態下，接收到各種錯誤的暗示。然而其實只要好好訓練表意識，讓它能隨時警覺、做好防衛的工作，就可以完全避免這種狀況。所以，我們也可以把表意識稱為偉大潛意識國度的「守門人」。

有位作家用這樣的方式來呈現「心」的這兩大相位的差

異:「表意識心是理性判斷的意志；潛意識則是直覺性的欲求、是過往理性意志產生的結果。」

潛意識會依照來自外在世界的種種先決條件，做出合理的推論；如果先決條件正確，則潛意識得到的結果也會正確無誤。然而如果從外界得來的先決條件或暗示有誤，則整個架構就會崩潰。潛意識不會進行「證實」這個工作，它需要表意識這個「守門人」來協助抵禦錯誤思想進入其中。

潛意識會將所有進入其中的暗示視為真實，然後立刻在其掌管的偉大世界中開始工作。表意識可以對潛意識提供正確的暗示，也可以提供錯誤的暗示，然而如果提供了錯誤的暗示，就會付出使自己身入險境的代價。

表意識應該要在每個醒著的時刻都克盡職責。如果你的「守門人」「下班」了，或者如果你因為某些狀況而暫時失去了冷靜判斷的能力，你的潛意識就會進入毫無防備的狀況，這時不管來自何處的暗示都可以自由進入其中。當你處在極度驚慌、高度憤怒、或群眾力量的刺激等會讓你的情緒失去控制的狀況下，這時對潛意識來說是非常危險的。因為這個時候，潛意識會敞開並接收到外在的人、事、物所傳遞，關於恐懼、憤恨、自私、貪婪等各種負面力量；而這往往會造成令你苦惱的結果，且這種負面影響可能會持續很長一段時間。因此，保護潛意識，使其不接收到任何錯誤的思想，這一點非常重要。

潛意識是透過直覺來理解，因此其處理程序非常迅速。潛意識不會像表意識那樣慢慢地去進行論證；而事實上，潛

意識也根本沒有那種能力。

潛意識從不休息、從不睡覺，就像你的心跳、血液一樣。且研究已經發現，只要對潛意識陳述要完成的事情，就能使各種力量朝向使該目標完成的方向開始運作。因此可知，潛意識有讓我們與那「全能力量」接觸的能力，而其運作原理，值得我們投入時間心力去深入研究。

這個法則運作起來非常有趣。假設某個人要去與一個本來預期會很難溝通的對象會面。這時如果他懂得運用這個法則，那麼就會發現在會面之前發生了某些事情，而化消了雙方的歧異，會面的過程變得和諧而順利；又假設某個人遭遇事業經營上的問題，如果他懂得運用這個法則，那麼他會發現自己可以稍加等待，最適當的解決方式會透過某種方式出現，而每件事情都會變得非常順利。事實上，如果一個人能學會信任潛意識，就會發現自己有無限的資源可以運用。

潛意識是我們的原則與渴望所在之處，也是我們心中那些藝術性、利他性的美好理想的泉源。如果想改變這些天性，唯有經由一些精心設計的漸進性方式，才有可能逐步改變潛意識中那些與生俱來的原則。

潛意識沒有能力爭論是非對錯。因此如果潛意識已經接受了一些錯誤的暗示，想要改變這個狀況的最佳方式，就是灌輸強力的相反暗示，透過經常不斷地重複而使心靈接受新的暗示，藉此形成新的、健康的思想習慣與生活習慣。

做個總結：在肉身層面，潛意識的功能包括掌管各種攸關生命的日常機能、維持生命與恢復人體健康，同時也包括

繁衍後代與不斷改善現狀等本能的渴望。

在心智層面，潛意識是存儲記憶的倉庫；潛意識中駐守著能超越時間與空間的思想信差們；潛意識是生命中各種創新與建設性力量的源頭；潛意識也是人的「習慣」存在之處。

在靈性層面，潛意識是理想、渴望、想像的源頭。潛意識也是讓我們得以認識我們的「神聖起源」的唯一管道；我們對這種神性瞭解多少，就能對一切力量的來源瞭解多少。

有的人會問：「潛意識是如何能改變現狀？」答案是，因為潛意識是「天地之心」的一部份，而「部分」必定與「整體」具有相同的性質與屬性，只是程度上的差異而已。既然我們知道那個「整體」是具有創造力的─事實上宇宙間也唯有祂能創造─所以我們的心靈也必會擁有創造的力量；而又由於心靈唯一能進行的活動就是「思想」，可知我們的思想必定也具備創造的力量。

但是我們會發現單純地「想」與有意識地、系統化地、建設性地導引自己的思想，這兩者有非常大的差別；當我們做到後者時，我們的心會與「天地之心」協調一致、我們能與「無窮智慧」同調、我們將使宇宙間最強大的力量，也就是「天地之心」的創造力量開始運作。這件事與宇宙間其他一切事物一樣，也是由自然律所掌管，而掌管這件事的自然律叫做「吸引力定律」。這個定律說道：心靈具有創造的能力，且會自動地使與目標相關的事物互相關連，而使目標成真。

❧ 本週練習內容

　　上週我出了一個作業，那個練習的目的是要讓你能完全控制自己的身體；如果你有確實做練習，現在就可以再繼續往前進。現在你將要開始控制你的思想。在做練習時，請盡可能在同一個房間、同一個位置、同一張椅子上進行。有時候可能會不方便在同一個房間做練習，這時就善用既有的環境即可。現在，同樣讓身體完全處在「靜」的狀態，不過這次請盡量抑制所有的思想；這個練習將有助於控制那些擔心、擔憂、恐懼的思想，且能幫助你只去想那些你想要的思想。請持續進行這個練習，直到能完全掌握其要領。

　　剛開始你可能只能做到一小段時間，不過這個練習本身就有很高的價值，因為在練習的過程當中，你就會發現有多少思想不斷試圖進入你的心靈世界當中。

　　你會在下個星期收到下一個練習的相關說明，那個練習會更有趣一些，不過現在你必須要先把這個練習做到最好。

　　希臘雅典雕刻家。帕台農神廟建築工程的藝術指導，創造了廟中最重要的神像，監督並可能還設計了廟中全部裝飾。

　　義大利畫家，他以繪出眾多的「聖母像」最負盛名。因著他的聖母畫像，他被譽為「畫聖」。

⚡ 測一測你的理解力

（看題目時請遮住解答。請先完成本測驗再開始新一週的進度。）

Q1 心靈運作有哪兩個活動模式？

Ans. 心靈的運作是由兩個平行運作的活動模式所組成，一個是表意識，另一個則是潛意識。

Q2 要達到輕鬆寫意與完美無瑕的境界有什麼重要條件？

Ans. 人越能學會不去依靠表意識，就越能達到輕鬆寫意與完美無瑕的境界。

Q3 潛意識對我們來說有什麼價值？

Ans. 潛意識是無價之寶；它給我們靈感、它警示我們、它為我們從儲存記憶的倉庫中找出各個名字、事件與場景。它引導我們的思想、感受，並且幫我們完成任何人的表意識都無法做到的複雜工作。

Q4 表意識有哪些功能？

Ans. 表意識擁有「判斷」的能力、擁有「論證」的力量，是人的意志力所在，也能影響潛意識。

Q5 表意識與潛意識之間的差異何在？

Ans. 表意識心是理性判斷的意志；潛意識則是直覺性的欲求、是過往理性意志產生的結果。

Q6 人要如何讓潛意識開始運作？

Ans. 對潛意識陳述想要完成的事情。

Q7 這麼做會帶來什麼結果？

Ans. 會使宇宙間各種力量朝向使目標完成的方向開始運作。

Q8 為什麼透過潛意識可以改變現狀？

Ans. 因為潛意識是「天地之心」的一部分，而「部分」必定與「整體」具有相同的性質與屬性，只是程度上的差異而已。而因為那個「整體」是具有創造力的，所以我們的心靈也必會擁有創造的力量，透過潛意識可以發揮這個創造力量，因此可以改變現狀。

Q9 掌管這件事的自然律名稱是？

Ans. 吸引力定律。

Q10 這個定律的內容是？

Ans. 心靈具有創造的能力，且會自動地使與目標相關的事物互相關連，而使目標成真。

瞭解心靈蘊含的龐大資源

Charles Haanel 給你的信

你已經瞭解人有影響「天」的能力，而這樣的作用與交互作用所產生的結果有一種因果關係；因此，思想是「因」而你的生命中所經歷的一切則是「果」。

所以，務必要完全消除自己想要抱怨事情過去或現在狀況的傾向。因為能否改變這些狀況、能否讓事情變成如你所願，都取決於你自己。

要引導你自己，把心力花在去瞭解你的心靈所擁有的龐大資源——這些資源都等著你來指揮，而一切真實且恆久不滅的力量都是源自於此。

charles+haanel

51

持續這麼做，一直到你真正領悟到，如果你能真正瞭解自己擁有的力量，並堅持自己的目標，那麼只要目標正確，就絕對沒有失敗的可能。因為心靈的力量隨時都準備要借力給那些有清楚目的之人，幫助他們澄清其思想與渴望，並化為各樣行動與各種事件、狀況。

　　然而一切行動以及生命中的各種事件、狀況，其根源都是表意識的思想，人習慣採取的行動會變成自動化，而控制這類行動的思想最後會進入潛意識之中，然而其智慧能力仍然不減。將這種思想轉為自動化或進入潛意識是必要的，因為這樣表意識才能去處理其他事情。然而，新的行動有一天也會變為習慣，然後也會自動化，最後也會進入潛意識，此時表意識又再次獲得解放，不需再繼續處理這些細節，而能夠再轉移去處理其他活動。

　　在你真正領會這些點時，就能找到一個力量之源，而這力量將可助你遊刃有餘地處理生命中的一切狀況。

意識要與潛意識進行一些必要的互動時，會需要其所對應的神經系統也進行類似的互動。湯馬斯・特洛德（Thomas Troward）註1就指出了讓這互動得以完成的美妙方式。他說道：「腦脊髓神經系統是表意識心的器官，交感神經系統則是潛意識的器官。我們透過腦脊髓神經系統這個管道，以身體的感官接收意識層面的感知，也是透過這個管道來控制身體的各種運動。而這個神經系統的中心在大腦之中。

交感神經系統的中心則是位在胃後面的一個名為「太陽神經叢」的神經節之中。而那個能在人無意識之下，持續維持身體日常機能的心智活動，就是透過「太陽神經叢」而運行著。

這兩大系統是經由「迷走神經」而互相連結。「迷走神經」是自主系統的一部份，從腦部發出而到達胸腔，在胸腔處分支到心臟與肺臟，最後通過橫隔膜並褪去其外部的包覆物，而變成相同於交感神經系統中的神經。透過這樣的方式連接兩個系統，而使一個人能在生理上成為一個「完整的個體」。

我們已經瞭解到，所有的思想都是被大腦—也就是表意識的器官所接收，也是在這裡接受我們的論證能力的檢驗。如果最後「客觀心」得到了「某個思想是正確的」的結論，就會將此思想傳送到「太陽神經叢」—也就是「主觀心」的器官，然後這個思想就會轉為我們的血肉，或是在現實世界中成為真實。如果到了這個地步，就沒有轉圜的餘地了，這

註1．十九世紀末的重要作家，著有多本新思維、心智科學等領域的重要經典。

是因為潛意識沒有爭辯的能力，潛意識只會行動。潛意識會接受「客觀心」所做出的任何結論，並視為聖旨。

「太陽神經叢」被比擬為「人體中的太陽」，這是因為人體所不斷產生的能量，就是以「太陽神經叢」為配送中心。這裡說的能量是真的能量，這裡說的太陽也是真的太陽，這些能量透過神經系統配送到人體的各個部位，然後散發出來，成為包覆身體的氣場。

如果一個人散發出來的能量夠強大，則他就會成為所謂「有吸引力」的人，他彷彿就像一塊磁石一般。而這樣的人也將擁有一種強大的力量，有時他光是在場，就足以撫慰很多受傷的心靈。

❧ 如何成為有吸引力的人

如果一個人的「太陽神經叢」處在活躍的運作狀態下，且不斷地對人體的各個部位散發出生命、能量、活力，而當他與任何人遭遇時也都能感覺愉悅，這時他的身體將被「健康」充滿，而且與他接觸的每個人都會覺得非常愉悅。

如果這個散發能量的過程中斷，則感覺就不再愉悅，流向身體某個部位的生命力與能量將會停止，這也就是人類生理上、心理上乃至於整個人類社會中一切疾病的根源。

在生理層面，是因為體內的太陽不再產生足夠的能量來滋養身體的某些部位；心理層面，是因為表意識需要潛意識來提供其思想所需的生命力；社會層面，則是因為潛意識與「天地之心」之間的關係斷絕而造成。

「太陽神經叢」是「部分」與「整體」相遇之處、是「有限」化為「無限」之處，它也是「非造物」化為「造物」之處、「宇宙智慧」化為個體之處、「不可見」化為「可見」之處。生命是由此而出，且人能透過這個能量中心產生無限的生命。

　　這個能量中心無所不能，這是因為它就是人與一切生命和智慧的源頭相接觸的那個點。因此它可以完成被要求完成的任何事情，而這也就是表意識的力量所在－因為潛意識有能力、也一定會實現表意識所告訴它的任何計畫與想法。

　　因此，整個身體的生命力與能量都是由這個能量中心流出，而表意識就是這個能量中心的主人；這顆「太陽」能散發出何種質地、特性、與本質的思想能量，完全取決於我們表意識思想的質地、特性與本質，而最終也將影響我們的生命經驗。

　　因此，顯然我們唯一要做到的，就是讓自己發光；我們能散發出的能量越高，就能越快將那些我們不想要的狀況，都轉化為愉悅與利益的來源。到這裡就延伸出一個重要的問題：「要怎樣才能讓自己發光？怎樣才能產生這樣的能量？」

　　不抗拒的思想能使「太陽神經叢」擴大；抗拒的思想會使其縮小。愉悅的思想會使其擴大；不愉悅的思想會使其縮小；「勇氣」、「力量」、「信心」與「希望」等思想也都能造成同樣的狀態。然而，「太陽神經叢」有一個最大的敵人－「恐懼」，如果不把它先完全消滅，一個人就難以發出光芒。一定要將這個敵人徹底地殲滅、永遠地放逐，因為它就是遮蔽太

陽的烏雲，會使你的人生永遠昏暗。

「恐懼」這個惡魔使人害怕過去、現在與未來；使人害怕自己、朋友與敵人；使人害怕任何事與任何人。如果能有效地完全消滅恐懼，你就能開始發光，遮蔽你人生的烏雲會散開，而你將會找到力量、活力與生命的源頭。

當你瞭解到自己其實與那個「宇宙間的無窮力量」是一體、當你藉由一些親身實證而真正瞭解其實透過你思想的力量，就可以解決任何不順的狀況時，你將不再有任何恐懼；這時你將能把「恐懼」這個敵人完全消滅，而你也將再次取回你的天賦權利。

決定在我們的生命中要經歷些什麼的，是我們對於人生的態度。如果我們從不期望要得到些什麼，那我們就什麼都得不到；如果我們要得很多，我們就能得到更多。只有對於無法堅持自我的人來說，才會有「人生是殘酷的」這回事；而也只有那些無能捍衛自己想法的人，才覺得他人的批評是苦澀的。人對於「批評」的恐懼，使得許多傑出的想法從來沒有機會一見天日。

然而，知道自己有「太陽神經叢」的人將不會害怕批評或任何其他東西，因為他會忙著散發出勇氣、自信和力量。他心裡總是預期著成功，他會把「恐懼」在他的旅途上所設的的障礙物砸爛，他將能飛越懷疑與猶豫的深淵。

當我們具備這樣的知識，當我們瞭解自己能有意識地散發出健康、力量與和諧時，就能瞭解其實沒有什麼是值得恐懼的—因為我們與那個「無窮力量」緊密相連。

唯有透過實際應用這些資訊，才能獲取這樣的知識。我們是透過「做」來學習的；就像運動員們都是透過不斷練習而變得更強壯一樣。

潛意識的創造力量絕對是無限的

由於接下來要說明的內容非常重要，因此我會以數種不同的方式來解說，讓你能完全瞭解其中深遠的意義。如果你比較偏好宗教，那我會說你可以讓自己發光；如果你比較偏向自然科學，那我會說你可以喚醒你的「太陽神經叢」；或者如果你比較喜歡嚴謹的科學名詞，那我會說你可以對潛意識烙上印記。

我之前已經提過這樣的印記會產生何種結果了，而相信現在你想知道的是「如何烙上印記」。你已瞭解潛意識是有智慧、有創造能力的，而且還會絕對順從表意識的意志。那麼，要在潛意識中烙上你想要的印記，最自然的方式是什麼？就是在心中專注地想著你要達成的目標；當你「專注地想」的時候，就會對潛意識烙上印記。

這並不是唯一的方法，但是卻是一個既簡單又有效的方法，同時也是最直接的方法；因此，這也是一個能讓你得到最佳成效的方法。這個方法所能產生的效果極為驚人，有許多被人視為「奇蹟」的事情都是因為運用這個方法做到的。

古往今來每一位偉大的發明家、銀行家、政治家，都擁有這樣的能力，他們都能將渴望、信仰、自信等微妙且眼不能見的力量，在現實世界中轉化為真實、有形、具體的存在。

潛意識是「天地之心」的一部份。「天地之心」是宇宙的創造原則，而全體的一部份必然會有相同的性質。這表示潛意識的創造力量絕對是無限的，不受任何前例所限制，因此這創造力量的應用方式也沒有什麼既定的範本需要遵守。

　　我們已瞭解潛意識會聽從表意識的意向，這也就表示其實人可以透過其表意識，來運用「天地之心」的無限創造力量。

　　在你依循後續課程中所交代的實作練習，逐步學習如何實際應用這個法則的過程中，請記得你並不需要去描述潛意識應該要如何達成你渴望的結果。「有限」是不能教導「無限」什麼事應該怎麼做的；你只要說你要什麼就夠了，不必說你想要怎麼達成。

　　你是那「無差異的」得以差異化的管道，而這差異化則是透過個體自身的召喚而達成。只要有這樣的認知，就可以讓「因」開始運作，帶來與你所渴望相符的結果；而之所以會如此，是因為「天」只能透過人來行動，而人也只有經由「天」才能行動，兩者其實是一體。

❧本週練習內容

　　至於這個星期的練習，我們要再前進一步。我要請你不只是讓身體靜止不動，以及盡可能阻絕所有的思想念頭，同時要請你放鬆，完全放下，讓所有的肌肉回到其正常狀態；這麼做將可去除所有神經的壓力，並完全消除那些會造成身心疲倦的緊繃狀態。

　　「讓身體放鬆」是一個可由意志控制的自主活動，而常做這個練習，你就會瞭解這個練習的價值所在。因為透過放鬆，將可以讓血液自由地在大腦與身體之間循環流動。

　　「緊張」會導致心理上的不安以及心智的不正常活動；它會導致擔憂、煩惱、恐懼與焦慮。因此，如果希望能讓心靈不受束縛地發揮其最大功能，那麼「放鬆」是絕對必要的技巧。

　　做這個練習時，要盡量做到徹底與完整。在心中「決定」你要放鬆每一條肌肉與神經，直到你能感覺安然、舒緩，能平靜地與自己以及這個世界共處。

　　這時，你的「太陽神經叢」就會做好開始運作的準備，而一旦它開始運作，所帶來的成果必定會讓你驚訝的。

🐌 測一測你的理解力

（看題目時請遮住解答。請先完成本測驗再開始新一週的進度。）

Q1 表意識的器官是哪一個神經系統？

Ans. 腦脊髓神經系統。

Q2 潛意識的器官是哪個神經系統？

Ans. 交感神經系統。

Q3 身體所不斷產生的能量是以哪個點作為配送中心？

Ans. 太陽神經叢。

Q4 這能量的配送會因為什麼而中斷？

Ans. 抗拒、批評、失調的思想，特別是「恐懼」。

Q5 如果能量配送中斷，會造成什麼結果？

Ans. 會導致人類生理上、心理上乃至於整個人類社會中一切疾病。

Q6 人要如何控制與引導這種能量？

Ans. 透過表意識的思想來控制與引導。

Q7 如何能完全消除恐懼？

Ans. 瞭解與認知一切力量的真正來源。

Q8 是什麼決定了我們人生中所遭遇的一切？

Ans. 我們的主導心態。

Q9 如何才能喚醒「太陽神經叢」？

Ans. 在心中專注地想著你要達成的目標。

Q10 宇宙的創造原則是什麼？

Ans.「天地之心」。

瞭解自我的本質

Charles Haanel 給你的信

　　隨函附上第四週的課文，你將能透過本週的內容瞭解到，為什麼你的思想、行為與感受會是「你是誰」的表徵。

　　思想是一種能量，而能量就是力量；古往今來，人們熟知的所有宗教、科學、哲學都是把重心放在這能量在有形世界中所化為的產物，而不是這能量本身之上，因而使得整個世界都被「果」所侷限，卻忽視或誤解了「因」。

　　也是因為這樣，在宗教中才會有「神」「魔」之

Charles Haanel

分、在科學中才會有「正」「負」之差、在哲學中才會有「善」「惡」之別。

本書則要把這程序逆轉;我們只對「因」的探索有興趣。在來自各地的學員們所寄來的眾多信件中,共同闡述了一個美妙的故事:當學員們開始探索「因」之後,他們得以獲得健康、協調、富足等一切有助於其幸福與快樂的東西。

生命有許多展現方式,而我們的責任是以協調、建設性的方式來展現自己的生命。悲傷、不幸、鬱鬱寡歡、疾病與貧窮都不是生命中的必需品,而我們要不斷地將它們由生命中除去。

然而要除去這些,就必須提昇並超越任何限制。懂得強健與淨化其思想的人不會需要擔心細菌會影響身體健康;而瞭解豐盛的法則的人將能立刻進入一切供給的源頭。

人就是透過這種方式而能掌控其命運,就像船長控制他的船、機師控制整列火車一般。

你的「我」並不是你的身體，身體只是這個「我」用來實現其目標的工具而已；你的「我」也不是你的心智，因為心智也只是這個「我」用來思考、論證、規劃的工具而已。

這個「我」必定是某種能控制與指揮你的身體與心智的東西、某種決定它們應該做什麼，以及如何去行動的東西。如果你能深入體悟這個「我」的真正本質，那麼你將感受到有生以來從未知曉的一種力量。

你的人格是由無數種個人特質、習慣、個性組合而成，然而這些都不過是你過往思想方式的產物，並不能代表你那個真正的「我」。

❧真正的「我」？

當你說「我認為……」的時候，是你的那個「我」告訴你的心智這時候要怎麼想；當你說「我要去……」的時候，是你的那個「我」告訴你的身體它該去哪裡。這個「我」的真正本質是一種靈性的存在，而如果一個人能體悟到其真正本質，就能從他的這個「我」得到真正的力量。

這個「我」所具備的一個最偉大、最令人驚奇的能力就是「思考」。然而，卻很少有人懂得如何建設性地、正確地去運用這個能力，也因此大部分人只能得到平凡的成就。大多數人都允許其思想流連於自私自利的目標之上，而這無疑是心智還不成熟的表徵；若一個人的心智成熟，他就會瞭解「在每個自私的念頭中都藏著失敗的種子」這件事。

一個人的心智若受過鍛鍊，就會知道每一筆交易都必須

對與這筆交易相關的每個人產生益處；他也會知道如果企圖在過程中，藉由他人的弱點、資訊不足、或迫切需求等狀況來獲取自身利益，那麼最終必定會造成自己的損失。

這是因為每個人都是「宇宙」的一部份，而「全體」的任一部份都不該與其他部分為敵，而是恰好相反，只有在「部份」以「全體」的福祉為最高方針時，「部分」才能獲得利益。

能領悟這個原則的人們，會在進行其日常事務時佔極大優勢。這些人永遠不會把自己搞得筋疲力盡，他們懂得怎樣讓自己的心思不四處遊蕩，他們隨時都能完全地專注於任何他們想要的事情上，他們也不會浪費時間或金錢在那些對他們不會有絲毫幫助的目標上。

如果你目前還無法做到這些，是因為你到目前為止還沒有付出過需要付出的心力。「現在」就是該要開始投注這樣的心力的時候了，而你得到的成果將會與你投入的心力成正比。這裡有一個非常強大的確認句，這個確認句將可以幫助你強化你的意志，並獲得能幫助你達到期望成果的力量：「我可以成為我所要成為的」。

在你每一次重複這個句子時，試著去領悟你的「我」究竟是誰、究竟是什麼，試著去真正理解這個「我」的真正本質；如果你能做到這一點，就會變得所向無敵—當然，前提是你的目標與目的是有建設性的，因而能與宇宙的創造原則協調一致時，才能獲致這樣的成果。

如果你決定開始運用這個確認句，那就要持續不斷地運

用。每天早晚、以及一天當中的空暇時間都要不斷複頌這個句子；你要不斷地做，一直到它化為你的一部份為止，要養成這樣的習慣。

除非你願意這麼做，否則最好根本不要開始，因為現代的心理學告訴我們，如果我們開始做某件事但是沒有完成，或是下了決心但是沒有堅持到底，就會讓自己養成「失敗」的習慣。所以如果你並不打算要做某件事，那就根本不要開始；一旦開始，那就算天塌下來也要堅持到底。如果你決心要做到某件事，那就一定要做到，不要讓任何事、任何人干擾你；這時在你裡面的那個「我」的心意已決，事情已經確定了；就像已經擲出去的骰子，沒有討價還價的空間。

◎ 學會控制自己

如果你要開始實踐這個觀念，請先從一些你知道自己有能力控制的小事情開始，然後再逐漸提昇，但是請注意無論如何都不要讓你的「我」被任何事物轄制；如此，你將會發現你逐漸可以控制自己。而對很多人而言，要「控制自己」比去統治一個王國還要困難許多。

但是，如果你能學會如何控制自己，就能尋得那掌控外在世界的「內在世界」。你將變得使人無法抗拒，外界的人、事、物就會回應你的每個願望，而不需你付出多少心力。

這聽起來似乎「很奇怪」或「不可能」。但是，如果你記得「內在世界」是由你的「我」所掌管，而這個「我」是那個無窮的「我」

－也就是「宇宙能量」、「宇宙靈體」、或「神」－的一部份時，也就不那麼「奇怪」與「不可能」了。

這並不是為了確認或建立某個觀念，而編出的說詞或理論，而是最尖端的宗教思想與科學思想都已接受的一個事實。

赫伯・史賓德（Herbert Spender）說過：「在我們周遭各種玄妙之事當中，有一件事情是絕對確定的，那就是我們都存在於一個無限且永恆的能量之中，而一切事物都運行於其中。」

李曼・艾伯特（Lyman Abbott）[註1]在一場對班哥神學院校友的演說中說到：「我們開始瞭解到，上帝其實是住在人裡面，而不是在外在的某處操縱著一切。」

科學研究在這方面做了些許努力之後就停止了。科學發現了這個無所不在的「永恆能量」，而宗教則找到存在於這個能量背後的那股力量，並且發現這力量就存在於人的內在。然而，這也絕非是新發現，在《聖經》裡就早已提到完全相同的觀念，且其中所用的語言也是既直接又具說服力：「豈不知你們是神的殿……[註2]」。接下來，我將要揭開「內在世界」偉大創造力量的祕密。

現在要揭開能讓你獲得力量與掌控人生的祕密。所謂「超越」、「克服」並不是讓自己放棄想要的東西，否認自我絕對稱不上成功。因為除非我們「有」，不然就沒辦法「給」，而如果我們不夠強大，也就無法助人。「無窮宇宙」從不匱乏

註1. 美國基督教公理會牧師，社會福音的主要倡導人。

註2. 出自《聖經》哥林多多前書3:16，全文為「豈不知你們是神的殿，神的靈住在你們裡頭麼？」

，我們身為祂的代表，當然也不應該匱乏；如果我們想服務他人，我們就需要擁有力量、更多的力量。然而，要「取」之前必須先「予」，我們必須要先去服務他人。

我們給出去越多，就能得到越多；我們必須讓自己成為能讓宇宙藉以展現其能力的管道。宇宙總是在尋求能展現其自身、能產生最大助益的機會，因此，祂一直在尋覓著這樣的管道，讓祂能藉以發揮最大能力、做最多美事、對人類產生最大助益。

如果你一直埋首於自己的計畫、自己的目的，那麼宇宙就無法透過你來展現；所以你要把所有感官都靜下來，去尋求靈感與啟示，將所有心智活動都專注於內在世界，去意識你與那「無所不能之力」的一體性。「寧靜以致遠」，在心中默想藉由那無所不在的力量，你的靈性所能接觸到的眾多可能性。

在心中描繪這種靈性上的緊密連結，可能有助於使哪些事件、狀況、情景成真。試著去領悟萬事萬物的本質都是靈性的存在，而且也只有靈是真正「真實」的，因為祂是萬事萬物的生命之源；而如果失去了靈，也就沒了生命，也就不再存在。

這些心智層面的活動都屬於內在世界，屬於那「因」的世界，而其所導致的各種事件與狀況則是其「果」：你也因此而成為一個創造者。這些都是非常重要的工作，而你的理想越是崇高、越是偉大、越是神聖，這些工作就越是重要。

過度工作、過度玩樂、以及任何過度的體能活動都會導

致心智的冷感與停滯，而使人無法去做這些更重要的、能使人瞭解表意識真正力量的工作。因此，我們應該經常尋求「靜」。力量是蘊藏於「靜」之中，而在「靜」當中我們才能「定」，在「定」當中我們才能夠思考。而「思想」才是獲取一切成就的祕密。

思想是一種運動模式，跟「光」和「電」一樣，其背後的原理都是「振動法則（Law of Vibration）」，而藉由「愛的法則（Law of Love）」，「情感」可為思想灌注生命力，並透過「成長的法則（Law of Growth）」，在有形世界中成形而展現出來。思想是靈性的「我」的產物，因此具備了神聖的、靈性的、有創造力的本質。

由此可知，如果要展現力量、豐盛或實現任何建設性的目的，就必須要喚出情緒，在思想中注入「感受」，這樣思想才能在有形世界中成為實相。但是，要怎樣才能做到呢？這是非常重要的問題：「我們要如何才能培養出能使我們獲得期望成就的信念、勇氣、感受呢？」

答案是透過「鍛鍊」。要擁有強韌的心智，其方法與要擁有強壯的身體完全一樣，都是透過「鍛鍊」。當我們第一次嘗試去想某件事時，可能會有些困難；當我們再次試著想那件事，這次會變得簡單一些；而如果我們一而再、再而三地去想，最後就會變成思想上的習慣。如果我們不斷地想相同的事，最後就會變成反射動作，我們會自然而然地這樣想，我們會非常肯定所想的是正確的，我們不會再有任何懷疑。我們非常確定，我們「知道」。

❧本週練習內容

　　上週的練習是讓身體放鬆，放下身體的所有緊繃；這週我則要請你練習心智層面的「放下」。如果你上週有依照指示，每天做指定的練習15~20分鐘，那麼你勢必已經能夠掌握放鬆身體的要領。一個人如果無法透過其意識，快速且完全地做到「放鬆身體」這件事，那他就不算是自己的主人；他還沒有得到自由，他仍是外在環境的奴隸。不過，現在我還是先假設你已經精通了這個練習、假設你已經準備好要進入下一個階段─也就是獲得心智層面的自由。

　　在這週當中，在你就定位之後，先透過完全放鬆來消除身體的緊張，然後開始「放下」心中的所有負面情緒與感受，例如憎恨、憤怒、擔憂、嫉妒、羨慕、悲傷、困擾、失望等。

　　你也許會說你沒辦法「放下」這些情緒與感受，但事實上你是可以的，只要你在心裡「決定」要放下，然後透過你自己的意願與堅持不懈地努力，就必定能做到。

　　有些人之所以無法做到，原因是他們讓自己的情緒而非理智來控制自己；然而，那些願意受理智引導的人將會獲得勝利。你第一次嘗試的時候也許不成功，但是「熟能生巧」的道理在這裡也適用；而且完全摧毀這些負面、破壞性的思想也是你一定要做到的工作，因為這些思想就像種子，將會不斷萌生出各種不協調的狀況。

ぶ 測一測你的理解力

（看題目時請遮住解答。請先完成本測驗再開始新一週的進度。）

Q1 「思想」是什麼？

Ans. 是一種靈性的能量。

Q2 「思想」背後的運作原理是什麼？

Ans. 振動法則。

Q3 「思想」是透過什麼法則而獲得生命力？

Ans. 愛的法則。

Q4 「思想」是透過什麼法則而成為有形實體？

Ans. 成長的法則。

Q5 「思想」之所以具有創造能力的祕密何在？

Ans. 因為思想是一種靈性活動。

Q6 我們要如何才能培養出能使我們獲得期望成就的信念、勇氣、感受？

Ans. 透過鍛鍊，培養出對我們自身靈性本質的認知。

Q7 獲取力量的祕密是什麼？

Ans. 服務他人。

Q8 為什麼會這樣？

Ans. 因為我們會得到我們所給出去的。

Q9 「靜」是指什麼？

Ans. 身體的靜止不動。

Q10 「靜」能帶來什麼價值？

Ans. 「靜」是控制自我、掌管自我的第一步。

心靈的創造能力

Charles Haanel 給你的信

　　隨函附上第五週的課文。如果你仔細研究這一週的內容，就會瞭解「任何力量、實體或事件都是心靈活動的產物」。

　　當心靈活動起來時，就產生了思想，而思想具有創造的能力。這個時代的人們正以前所未有的方式思考著。

　　因此，這是一個具有創造力的時代，且這世界會給那些願意思考的人們豐富的獎賞。「物質」的性質是被動、遲鈍、沒有力量；而「心靈」則帶有動力、能量。心靈能控制與形塑物質。物質所形成的任

Charles Haanel

何型態，都不過是某個早已存在的思想的一種展現而已。

　　不過，思想的運作並不是變魔術，它也是遵循著各種自然法則而進行，它會讓自然力開始運作，它會釋放自然的能量；它需要透過你的行為與行動才能彰顯出來，而這些行動會作用在你周邊的人們身上，最後影響整個環境。你有能力可以產生出思想，而又由於思想具有創造能力，這就表示，你擁有為自己創造出想要的一切的能力。

🐾 你能善用潛意識嗎？

我們的心智活動有至少 90% 是在潛意識中進行，所以，如果一個人不知道怎麼去運用潛意識的力量，那麼他的生活將處處受限。

潛意識有能力幫助我們解決任何問題，但前提是我們必須懂得如何引導它。潛意識不論何時都一直在工作著，問題是，我們是要當一個被動的接受者，還是要有意識地去引導潛意識的活動？我們是要清楚地知道自己的目的地是哪裡、知道路上需要避開哪些危險，還是要讓自己隨波逐流？

我們已經發現，人的「心靈」其實遍布於人體的每個部位，且其中較具主導性或客觀的部分可以影響或指揮整個心靈。

這遍及整個身體的「心靈」大部分是「遺傳」的產物，而這些遺傳特質都只是那個不斷運行著的生命力量，在回應每個時代、每種環境時所產生的結果而已。如果我們能領悟這個事實，那麼當我們發現身上出現某種自己不想要的人格特質時，就會懂得怎麼去行使我們的權力來改變它。

我們可以自己決定要保留哪些與生俱來的特性，同時抑制或拒絕發展出我們不想要的特性。

然而，這遍及全身的「心靈」並不只是各種遺傳特質的綜合體而已，同時也是家庭、企業與社會環境影響之下的產物－這是因為心靈會在這些環境中接收到無數的意念、想法、偏見等諸如此類的思想；這當中絕大部分是來自他人的意見、

建議或說法，也有部分是我們自身的想法所造成。然而，不論所受的影響是從何而來，我們往往都是在沒有經過檢驗與評估的狀況下，就盲目地接受了外界的思想。

我們從外界接收到某個想法，如果這想法看起來頗為合理，那麼表意識在接收到這個想法之後，就會把它傳送給潛意識；交感神經系統則在潛意識處擷取到這想法，然後開始將它建構成有形實體。這就是所謂的「道成了肉身」[註1]。

❧「吸引力定律」會為我們吸引來什麼？

我們就是透過這樣的流程，在不斷地創造與再造自我。我們過去的思想，造就了現在的自己；而我們的未來如何，則取決於我們現在的思想。「吸引力定律」為我們吸引來的，並不是我們「應該要的」、「希望能擁有的」、或是「別人擁有的」；「吸引力定律」只會為我們帶來「我們自己」─也就是那些我們先前透過思想，在有意或無意之下創造出來的東西。而不幸的是，大多數人都是在無意識之下進行創造。

如果我們要幫自己蓋房子，肯定會非常仔細地規劃整個建案，我們一定會細心研究每個小細節，也一定會仔細檢查與挑選最好的建材；但是，當我們在蓋自己的「心靈家園」時，卻總是馬馬虎虎。要知道，這幢房子比任何有形的房舍都來得重要，因為我們人生中能經歷與擁有什麼，就取決於建造「心靈家園」時使用了何種質地的材料。

註1．出自《聖經》約翰福音1:13，前後文為「道成了肉身，住在我們中間，充充滿滿的有恩典有真理。」這裡的「道」的英文原文是「Word（話語）」。

這種材料的「質地」指的是什麼呢？是指我們過去所累積並儲存於潛意識心靈中的種種心靈印記所造成的產物。如果其中大多是恐懼、擔心、煩惱、憂慮，失望、消極等印記，那麼所編織而成的材料也會是具有同樣負面質地的材料。這樣的材料沒有任何價值，而且很快就會發霉、腐爛，只會為我們帶來更多勞苦、擔心與憂慮。我們得要一直忙著修補它，才能維持基本的美觀。

然而，如果我們只在潛意識中存入勇敢的思想，如果我們一直都很樂觀、積極，且一有任何負面想法就把它扔到垃圾堆裡；如果我們拒絕接觸任何會帶來負面思想、或會讓我們變得負面的事物，這樣會有什麼樣的結果？這時，我們的心靈材料有最好的品質，我們可以織出任何材料，我們可以使用任何一種色彩，我們知道這材質非常堅韌且永不褪色。我們對於未來沒有任何恐懼與憂慮；沒有什麼是需要掩飾的、也沒有任何需要遮掩的缺陷。

這都是心理學上的事實，並不是理論或臆測，當中也完全沒有什麼神秘之處。事實上，這些道理都非常淺顯，任何人都可以瞭解，而對我們來說，真正重要的就是要開始進行「心靈大掃除」，然後每天都做這樣的打掃，以維持「心靈家園」的乾淨清潔。不管我們是想要在哪個方面有所進展，心靈、品行與身體的清潔皆是不可或缺。

完成「心靈大掃除」之後，留下的材料就可以用來塑造成我們的理想、或我們希望能實現的心靈圖像。

◢ 力量源自何處？

有一處良田美地正等待著繼承者－其幅員廣及雙眼所能見之處，當中有豐沛的水源、盛產著各種穀物與高等的木材；裡面蓋了一幢豪宅，其格局寬敞而舒適，當中裝飾著許多稀有名畫，還設有一間藏書豐富的圖書室，以及各種豪華且舒適的用品。其繼承者需要做的，就只是去行使其繼承權、取得這片產業、然後善用其中的資產。他必須要去使用，不能任其荒廢；因為「使用」是「擁有」的必要條件，如果不使用，就會失去所有權。

在心智與靈性的世界中，在那「真正力量」的國度裡，就存在著這麼一片屬於你的產業；你就是那位繼承人！你有權行使你的繼承權、去擁有並使用這片富饒的產業。「處理各種狀況的能力」是其中盛產的果實之一，而「協調」、「富足」也都列在其資產清單之中。它能為你帶來心靈的平靜與安寧，而你唯一需要付出的代價就只是去研究並收割其中所蘊藏的豐富資源。你會失去的只有過去的種種限制、過去如奴僕一般的生活、以及過去的軟弱。它將會為你披上自尊的外袍，並將權杖交到你的手中。

要獲得這片產業有三個必要的程序：首先，你必須真誠地渴望得到它，再來則是要敢於行使你的繼承權，最後則是要實際去取得它。

你得承認，要做到這些條件真的並不困難。

你應該對「遺傳」這個主題耳熟能詳。達爾文、赫胥

黎[註2]、海克爾[註3]等科學家已經用如山高的證據，證明了「遺傳」就是漸進性創造時依循的一種法則。而人類擁有的直立姿態、運動能力、消化器官、血液循環、神經與肌肉力量、骨骼結構、以及各種生理層面的功能，都是來自這種漸進性的遺傳的累積；而在心靈力量這個層面，也存在著諸多令人驚嘆的「遺傳」現象。所謂人類的遺傳特質，也就是由這一切所構成。

然而，還有另一種遺傳特質是科學家們迄今還無法瞭解的，這種遺傳特質超越了他們所有研究的範疇，他們對於這個領域只能舉雙手投降，承認他們完全無法解釋所觀察到的現象。這種具神性的遺傳特質具有絕對的掌控權。

決定要進行最初的創造的，就是這個仁慈的力量。祂源自於那「神性之源」而進入每一個被造之物之中。祂創造了生命，而這是科學家們過去未能做到，未來也同樣無法做到的事。祂超越一切力量，祂至高無上、無以倫比，沒有任何一種人類的遺傳特質能與之比擬。

這「無限的生命」在你裡面流動著－祂就是你。你的各種感官意識就是其出入的門戶，而讓這扇大門敞開，就是獲得力量的最大祕密；這難道不值得你付出一番努力嗎？

「一切生命與一切力量都來自於內在」，這是一個偉大的事實。外在的人、事、物也許可以為你提供需求與機會，但

註2．英國生物學家，因捍衛查爾斯·達爾文的進化論而有「達爾文的堅定追隨者」之稱。並因創造了生源論以及無生源論的概念而廣為人知。

註3．德國動物學家、進化論者、達爾文主義的支持者。

是要回應這些需求時所需的洞見、能力與動力卻只存在於人的內在。

要能分辨何者是真正的力量之源、而何者是其贗品，並在那無窮之源所流出的力量之上，為你的意識打造穩固的基台。（那無窮的力量之源就是「天地之心」，而你正是依照其形象所造。）

行使了這個繼承權的人們將永遠揮別過去，他們將獲得一種從來未能想像的力量。他們將不再怯懦、軟弱、優柔寡斷或擔憂恐懼。因為他們與那「全能之神」緊緊相連，潛藏在他們內在的某種東西已被喚醒；他們突然間發現到自己具有一種強大的潛力，那是一種他們從未察覺的能力。

這股力量來自你的內在，然而，如果我們不把這力量給出去，就無法得到它。「使用」是我們要繼承這財產的條件。我們每個人都是那「全能力量」得以轉換為不同型態的管道；而如果我們不給出去，這管道就會堵塞，我們也因而無法再得到更多。這道理在生命的各個層面、生活中每個領域、乃至於各行各業都適用。我們給出去越多，就能得到越多。運動員如果想要變得更強壯，就得要先去善用他已擁有的力量，而他用得越多，就能得到更多；金融家如果想要賺更多錢，也必須先善用他目前擁有的金錢，因為只有透過「使用」，才能得到更多。

如果一個商人沒有讓他的貨品一直售出，很快就會沒辦法再進貨；如果一家公司無法提供有效率的服務，那麼很快就會失去所有的客戶。所以，這道理真的是一體適用。因此

，如果要獲得力量，就要先正確地運用我們已經擁有的力量；這個在生活中各個領域、人生中各種經驗都適用的道理，也同樣適用於世間其他一切力量的源頭－靈性的力量。如果把靈性抽走，還會剩下什麼？什麼都不剩。

若是如此，那麼「靈性」就是一切的源頭，而要展現一切力量的前提－不管是生理層面、心理層面或靈性層面的力量－就是要先對這個事實有所認知。

所有的「擁有」都是某種心靈狀態或金錢意識累積起來所產生的結果；這就像是一把魔杖，能讓你接收到好主意、能幫你擬定計畫，而且還能讓你在執行計畫的過程當中，也得到與達成目標時同樣的喜悅。

🐾 本週練習內容

　　現在，請到你的房間，以相同的姿勢坐在同一個位置，然後在心中想一個會讓你感到喜悅的處所。在心中想清楚那畫面，在心中看清楚那裡有什麼樣的地形、植物、建築物，以及哪些親朋好友。剛開始做這個練習時，你會發現自己會想到一堆其他東西，但是就是無法看清楚你真正想要專注的場景。但是即使如此也不需沮喪，「堅持」一定會獲得最後勝利，不過這會需要你每天都持續不斷地做這些練習。

測一測你的理解力

（看題目時請遮住解答。請先完成本測驗再開始新一週的進度。）

Q1 我們的心智活動有多少百分比是在潛意識中進行？

    Ans. 至少 90%。

Q2 大部分人都已善用潛意識這個寶庫了嗎？

    Ans. 沒有。

Q3 如果沒有，其原因為何？

    Ans. 因為只有少數人瞭解表意識是可以指揮潛意識的。

Q4 表意識心的主導特性是源自於哪裡？

    Ans. 來自「遺傳」。

Q5「吸引力定律」會為我們吸引來什麼？

    Ans.「我們自己」。

Q6 上題的答案是指什麼？

    Ans. 是指我們與生俱來的樣子，以及我們過去在有意與無意之下，透過思想而創造出來的產物。

Q7 我們建構「心靈家園」的材料是什麼？

    Ans. 我們的思想。

Q8 獲得力量的最大祕密是什麼？

    Ans. 瞭解到「那全能力量是無所不在的」這個事實。

Q9 力量源自於何處？

    Ans. 生命與力量都來自內在世界。

Q10 要獲得力量的先決條件是什麼？

    Ans. 善用已有的力量。

人腦的宏大力量

Charles Haanel 給你的信

　　很榮幸能隨函附上第六週的課文。透過這週的內容，你將能深入地瞭解一個世間沒有任何東西能與之比擬的偉大「裝置」。而你將可以運用這個「裝置」來為你自己創造「健康」、「力量」、「成功」、「財富」或任何你想要的東西。

　　「需求」導致「行動」，而「行動」會帶來「成果」。所謂的「進化」過程，就是以每個「今天」為基礎而不斷地建構出「明天」。在追求個人的成長時，其過程也跟宇宙的發展一樣，都得要按部就班地逐漸加強質量與能力。

Charles Haanel

如果我們了侵犯他人的權益，就會變成如多刺的荊棘一般，在人生路途中的每個轉角都會被纏住而難以前進。由此可知「成功」是隨附於最崇高的道德理想而來，也就是「為最多數的人謀求最大的好處」。若能有恆心持續不斷地維持熱情、渴望與和宇宙之間協調一致的關係，就必能達成目標；而過程中會遭遇的最大障礙，就是錯誤的想法與僵化的思維。

　　若要與那永恆真理頻率一致，我們的內在就必須進入和諧、安寧的狀態。當接收器與發送源的頻率一致時，也才能夠接收到訊息。

　　「思想」是心靈的產物，而心靈具有創造能力；然而，宇宙並不會為了滿足你的想法而改變其行事準則。但對我們而言，這表示我們可以與宇宙進入一種協調一致的關係，而如果我們做到這一點，就可以對宇宙要求我們應得的一切，宇宙也將會使達到目標的路途平坦無比。

「天地之心」是如此奇妙，使人難以明白祂實質上具有怎樣的力量、具有何種可能性，以及能造就何種成果。

我們已經知道此一「心靈」不但是一切智慧之源，同時也是形成萬物的基本物質；然而若是如此，那麼祂是怎麼轉換為不同的形體呢？而對我們來說，又要怎樣才能獲得我們想要的成果呢？

如果去請教任何一位電學家「『電』能產生什麼效應？」，他會回答說：「『電』是一種運動型態；它能產生什麼效應，完全取決於所連接的裝置為何。」這種重要的能量會以「熱」、「光」、「動力」、「音樂」還是其他型態展現出來，都取決於通上電的是哪一種裝置。

那麼，「思想」可以產生什麼效應呢？答案是：心靈活動時就成為「思想」（就像「空氣」動起來時就變成「風」），而思想能產生什麼效應，也完全取決於「所連接的裝置為何」。

這就是心靈力量的祕密－心靈能產生何種力量，完全取決於所連接的裝置。

這裡說的「裝置」到底是什麼？你應該對愛迪生、貝爾、馬可尼[註1]等在「電」這個領域的天才們所發明的許多裝置，多少都有些瞭解。你知道他們所發明的裝置，消弭了時間與空間的差距；然而，你是否曾停下來思考過，你早已被賦予一個能轉換那「無所不在的宇宙潛能」的裝置，而這個裝置是由一個比愛迪生更偉大的發明家所創造的？

註1. 義大利發明家，無線電通信的奠基人。與德國物理學家布勞恩，K.F. 同獲 1909 年 11 月的諾貝爾物理獎。

人類會想知道各種農耕設備的背後原理，也會想瞭解自己駕駛的汽車的內部機構；然而，大部分人竟都甘於對世界上最偉大的「裝置」－人類的大腦－繼續保持全然無知的狀態。

現在，我們就要來探討這個「裝置」的偉大之處，透過這樣的方式，或許就能對這個造成各種「果」的「因」有更深的瞭解。

首先要瞭解的是：有一個偉大的心靈世界存在著，我們存在於這個世界之中，在裡面活動著；這是一個全知、全能、無所不在的世界，這個世界會依我們的「目標」與「信心」的大小，而對我們的渴望做出回應。我們的目標必須要符合法則，也就是說，必須要是有創造力或建設性的；而我們的信心必須堅定到能夠產生足夠強度的能量，來讓我們的目標成為實體。「照著你們的信給你們成全了罷」[註2]這句話是經得起科學檢驗的。

在「外在世界」所看到的種種結果，都是人與宇宙之間的作用與反作用－也就是我們所稱的「思考」這個程序－所造成的產物；而「思考」這個程序就是由「大腦」來進行的，這是多麼奇妙啊！你喜歡音樂、花卉、文學嗎？你是否曾受古聖先賢們的思想所啟發呢？要知道，所有能讓你產生這類反應的美好事物，都必須先在你的大腦中描繪出輪廓，然後你才能開始欣賞。

在自然界的豐富寶藏中，沒有任何美德或德行是大腦所

註 2．出自《聖經》馬太福音 9:29。

無法呈現的，大腦是個像胚胎一般的世界，隨時都準備好在有需要時成長。這是一個科學真理，也是自然界中種種偉大法則之一，如果你能真正理解這一點，就會比較容易瞭解各種偉大成就是透過何種機制而得以完成。

人的神經系統可比喻為電路，有能如電池一般產生能量的細胞，而其中的白色物質，就像是負責傳送電流的絕緣電線一般；人的各種刺激或渴望就是透過這樣的管道傳送到整個人體機制之中。

人體的脊椎是個強大的發動機，也是一個負責傳遞進出大腦的種種訊息的路徑，再來有血液循環系統，透過動靜脈在體內循環，為身體補充能量與精力，此外還有完美的骨骼結構，我們整個身體都建構於其上；最後，則是精緻而美麗的皮膚，就像一件美麗的斗蓬，覆蓋著整個身體。

這就形成了所謂的「永生神的殿（Temple of the living God）」註3；每個人的「我」都被授與了掌控其身體的權力，而人對於他所掌管的這個「裝置」瞭解多少，將決定所能得到的結果。

每個思想都會使腦細胞開始活動；剛開始時，宇宙的基本物質可能不會對你引導至其上的思想做出回應，但是，如果你的思想經過精鍊且夠專注，則宇宙的基本物質最後必定會臣服於你的思想，並完全依照你所要求的方式在現實世界中呈現。

註3．出自《聖經》哥林多後書 6:16，全文為：神的殿和偶像有甚麼相同呢，因為我們是永生神的殿，就如神曾說，「我要在他們中間居住、在他們中間來往，我要作他們的神、他們要作我的子民。」

你可以將心靈的這種能力運用在人體的任何部位，藉以消除所有不想要的「果」。

若能完全理解並體悟掌管內在世界的種種法則，對於進行商業活動將能產生難以估計的助益。因為一個人將能藉此發展出明辨是非真偽的能力，能看清隱藏在事物背後的真相。

一個人若懂得去探索其「內在世界」，就必定能運用那可決定其人生路徑的偉大力量，而這力量將會使他與世間所有最美好、最恢弘、最值得擁有的一切事物頻率一致，進而互相吸引。

🐿 專注力的價值

在要開發心靈力量時，「專注」可說是最重要的基本要素。正確運用專注力時所能產生的驚人成果，會讓那些從未學習過這些原理的人們難以置信。「專注力」是所有成功人士都具備的特質，而「培養專注力」這件事本身，就已是人類所能追求的最高成就之一了。

如果把「專注力」想像成放大鏡，會更容易理解「專注」所能產生的力量。放大鏡可以用來將陽光集中為光束，然而，如果一直移動放大鏡的位置，那麼陽光也無法發揮特別的力量。但只要將放大鏡固定在某個位置，讓陽光聚焦在一個點上，經過一段時間後就可以看到明顯的效果。

再回到「思想的力量」這個主題。如果讓思想分散在一個又一個的目標上，這時思想的力量就會散失，而無法產生任何顯著的成效；但如果能透過「專注力」將思想集中在單

一目標之上，這時就沒有什麼是不可能的了。

如果有人說這看來很簡單，那這個人肯定沒有「將思想完全專注於明確的目標」的經驗。試著做看看吧－任選一個標的，然後試著將思想專注在上面至少 10 分鐘；你沒辦法做到，你的心思會四處遊走，你會需要一直把心思拉回本來要專注的標的上，而每一次的注意力散失都會使本要顯現的成果消逝。因此，10 分鐘後你什麼也沒有得到，這都是因為你還未能讓思想完全專注於自己的意向之上。

可是，要想克服人生路途中的一切障礙，就得要靠「專注力」；而要得到這種偉大力量，就只有「練習」一途，「熟能生巧」這個道理也適用於此。

為了幫助你培養出「專注」的能力，請帶著一張照片，前往你到目前為止進行練習的同一個房間、同一個位置、坐在同一張椅子上，然後開始仔細研究這張照片至少 10 分鐘的時間。注意照片中人的眼神、五官、髮型，仔細觀察並記憶照片中每一個細節。現在，請把照片遮住，閉上你的眼睛並試著在心中「看到」這張照片，如果你能做到在心中清楚地描繪出照片中的景象，且可以清楚「看到」每個小細節，那麼恭喜你！如果做不到，那麼就請重複這個練習，直到能做到為止。

這個步驟的目的是要準備好土壤，土壤準備好之後，下週我們就可以開始播種了。

常做這類的練習，將能讓你發展出控制你的情緒、態度與意識狀態的能力。

許多偉大的金融家們都在學著讓自己更常由群眾中抽離，這樣他們才會有更多時間做規劃、思考與讓自己進入正確的情緒狀態。

而成功的企業家們也一直在親身示範著「與其他成功者們交流」所能產生的效益。

一個好主意可能就有數百萬美金的價值，但這些好主意只會去找那些有能力且已準備好要接收的人，還有那些處於成功心境之中的人。

人們一直在學習如何與「天地之心」協調一致、學習萬事萬物的一體性、學習「思考」的基本方法與原理，而這些都有助於改變現狀與提昇成就。

他們發現所處的環境、所遇的事件會依心智與靈性層面的發展而改變；他們發現人要先獲取知識之後才會有成長、先受啟發之後才會有行動、先有認知力才能看得到機會。事情永遠都是先發生在靈性層次，然後才轉化為有形世界裡的各種成就。

而由於每個人都是宇宙藉以差異化的管道，因此，人們所能創造的可能性也必是無窮無盡。

「思想」這個程序能讓我們獲取靈性力量，並能讓我們所要的結果停駐於內在意識之中，使其最終得以成為我們日常意識的一部份；而能讓人做到這一點的方法（就是這套系統中所說的這些）就像一把萬能鑰匙，將為你開啟「宇宙真理」的無窮寶藏。

現代人的苦難主要來自於兩個來源：其一是身體上的疾

病，其二則是心理上的焦慮。若追溯其源頭，會發現那都是因為違反了某些自然律，而之所以會如此，則都是因為到目前為止，人類的知識仍不夠全面。現在，這塊從古至今所積累而成的烏雲就要移開了，同時也將帶走那些因所知不完全而造成的種種不幸。

🦋 本週練習內容

　　為了幫助你培養出「專注」的能力，請帶著一張照片，前往你到目前為止進行練習的同一個房間、同一個位置、坐在同一張椅子上，然後開始仔細研究這張照片至少 10 分鐘的時間。注意照片中人的眼神、五官、髮型，仔細觀察並記憶照片中每一個細節。現在，請把照片遮住，閉上你的眼睛並試著在心中「看到」這張照片，如果你能做到在心中清楚地描繪出照片中的景象，且可以清楚「看到」每個小細節，那麼恭喜你！如果做不到，那麼就請重複這個練習，直到能做到為止。

　　這個步驟的目的是要準備好土壤，土壤準備好之後，下週我們就可以開始播種了。

　　常做這類的練習，將能讓你發展出控制你的情緒、態度與意識狀態的能力。

ஒ 測一測你的理解力

（看題目時請遮住解答。請先完成本測驗再開始新一週的進度。）

Q1 試舉出「電」所能產生的部分效應？

    Ans. 熱、光、動力、音樂等。

Q2「電」能產生何種效應是取決於什麼？

    Ans. 接上電的是什麼裝置。

Q3「人的心靈」與「宇宙」之間的作用和交互作用帶來的結果是什麼？

    Ans. 人在有形世界中所經歷的一切。

Q4 要如何才能改變這結果？

    Ans. 先從宇宙藉以差異化而成為有形實體的裝置開始改變起。

Q5 這裡指的「裝置」是什麼？

    Ans. 人的腦。

Q6 要怎麼做才能改變這個裝置？

    Ans. 透過「思想」這個程序來改變。思想會產生腦細胞，而這些腦細胞會對宇宙中與之對應的思想做出回應。

Q7「專注力」有什麼價值？

    Ans.「專注力」是所有成功人士都具備的特質，而「培養專注力」這件事本身，就也是人類所能追求的最高成就之一。

Q8 如何才能培養出「專注力」？

    Ans. 持續練習這套系統中所教導的練習。

Q9 專注力為何如此重要？

    Ans. 因為透過專注力，我們才能掌控自己的思想，而又由於思想是「因」而外在環境是「果」，所以如果我們能完全掌控「因」，也就表示我們能完全掌控「果」。

Q10 透過什麼方式可以改變客觀世界的狀況並提升成果？

Ans. 學習建設性思考的基本方法。

如何運用宇宙的全能力量

Charles Haanel 給你的信

　　古往今來，人類都相信宇宙間有一股無形的力量存在著，這股力量創造了一切，也不斷地再造一切。我們可以將這股力量擬人化並稱之為「神」，也可以把祂視為遍及於萬事萬物之中的基本物質或靈性；但不管怎麼稱呼祂，都不會造成任何差別。

　　對於每一個個體而言，那客觀的、有實體的、雙目可見的部分是人性的部分，人可以透過感官而對其有所認知，這部份包括身體、腦、神經等；而那主觀的部分則是靈性的、看不見的，非人性的部分。

　　人性的部分具有意識，因為這個部份是具有人

Charles Haanel

性的實體；而非人性的部分（其特性和本質與宇宙間其他「存在」相同）則對其自身並無感知，也因此被命名為「潛意識」。

那人性的、或有意識的部分擁有自由意志與選擇的能力，因此可以運用判斷力來選擇解決困難的方法。而那非人性的、或靈性的部分則是萬物之源的一部份，也與萬物之源是一體；這個部分沒有選擇的能力，然而有著無窮的資源供其指揮；祂具有能透過人心完全無法想到的方式，而達成期望成果的能力。

談到這裡，你應該可以發現你可以繼續仰賴自己那限制重重且常有誤解的人性意志，也可以開始透過運用潛意識而啟動潛藏在「無窮智慧」中的無限潛能。

這也就是造物者所賦予你的那偉大力量的科學解釋，而如果你願意去理解、領悟與接受祂，則這力量就能為你所用。在這第七週的課文中，將說明一個能讓你有意識地去運用這股無所不能之力的方法。

❧ 何謂「視覺化想像」？

「視覺化想像」就是在心中描繪圖像的一種程序，而你所描繪的圖像就像是模型或鑄模一樣，你未來的人生將會依此為樣本而塑造出來。

所以，一定要把你的人生樣本塑造得細緻而美好。千萬不要客氣，把它造得越壯觀越好；要記得，世界上除了你自己之外，沒有任何人能在你身上加諸限制。你決不會受限於金錢或素材，由無窮宇宙中任意擷取所需的一切，然後在你的想像世界當中構築你的人生樣本；所有的一切都得要先出現在想像世界，之後才有可能出現於其他地方。

務必讓那圖像絕對清晰且輪廓鮮明，然後將影像牢牢刻在心板之上，這麼一來，你將會逐漸地、持續地將圖像中所描繪的一切吸引到你身邊，你將能成為「你所想要成為的」。

以上所說的這些，也是一個心理學上廣為人知的事實；可是，單是閱讀關於這個事實的文字，並不足以為你吸引來你心中所嚮往的事物。如果只是單純地閱讀，那麼對你描繪內心圖像並不會產生任何助益，更別說要使其在有形世界中實現了。你會需要付出一些勞務———些心智層面的艱苦勞務，而世上往往只有極少數人願意付出這樣的努力。

第一個步驟是「理想化（Idealization）」，這也可說是最重要的步驟，因為在這個步驟中要構築的是未來的建設藍圖，而這份藍圖必須要夠紮實精確且無可變動。試想，當建築師計畫興建一幢 30 層樓高的建築時，他也會事先繪製出詳細的

藍圖；工程師在架設橋樑之前，也會先計算出那數以百萬計的零件，個別的強度需求。

　　他們在實際開始採取任何行動之前，就先在心中「看到」最終的成果；所以，你也要先在心中清楚描繪出你所想要的一切。這就像種植物一樣，你當然會需要撒種，但是在撒種之前，你也得要先知道最後要種出什麼植物－這就是「理想化」。如果你不確定自己要什麼，那就每天都回到你做練習的椅子上，不斷仔細思量，直到你能在心中清楚看見那畫面。只要你願意這麼做，那麼圖像必定會逐步顯明；剛開始時，整個計畫還很模糊，但是它會逐漸成形－先是輪廓、再是細節，而在這過程中，你將會發展出一種本事，你會有能力規劃出要讓心中圖像實現於有形世界中所需的計畫，你也將能瞭解自己的未來將會如何。

　　接下來，則是「視覺化想像（Visualization）」這個程序。你在心中「看見」的圖像必須要越來越完整、細節越來越清晰，而隨著種種細節越見清晰，使其成真的方法與途徑也將會一一出現。「思想」會導致「行動」，「行動」將會發展出「方法」，「方法」會帶來「朋友」，而「朋友」會帶來「際遇」，到最後，則會達成第三個步驟，也就是「實體化（Materialization）」。

　　我們都已瞭解「宇宙」是先在思想中成形，而後才成為有形實體。如果我們也依循那「宇宙的全能造物主」的創造流程去做，就會發現我們的思想也會像宇宙化為實體一般，成為有形的實體。兩者之間在特性或本質上並無差異，只有

程度上的差別而已。

　　建築師會對要蓋的建築物先做視覺化想像，他會在心中「看見」所希望的成品。這時，他的思想成為鑄模，經由此鑄模將可鑄造出他所要的建築。不論這建築是高是矮，是豪華是平凡，在他心中所描繪的願景都會先成形於圖紙之上，最終則將透過各種必要材料構築出此建築物。

　　發明家們也都懂得使用相同的視覺化想像方式，比如尼古拉・特斯拉（Nikola Tesla）[註1]這個人。他的才智過人，是有史以來最偉大的發明家之一，也提出了許多科學界的有趣發現。當他在發明時，總會先以視覺化想像的方式，在心中先看清楚所要發明之物，然後才會試著將它製造出來；他不會急著把想像化為具體事物，然後再花很多時間修改缺陷。當他有某個靈感時，會讓它停留在想像世界中，成為一個心靈圖像，然後在想像世界中以他的思想重建並改善這個靈感。他在《電學實驗家（Electrical Experimenter）》雜誌中寫道：「透過這種方式，我不必碰任何東西，就可以很快地把一個概念發展到完美境界。我在腦中不斷改良所要發明的東西，直到無可加添、絲毫無誤時，才把它製作出實體；所製造出來的裝置總是一如預期地正常運作。這種方式 20 年來從來沒有出錯過。」

註 1. 尼古拉・特斯拉（Nikola Tesla，1856 年—1943 年）是世界知名的發明家、物理學家、機械工程師和電機工程師。特斯拉在歷史上被認為其中一位最重要的發明者。他為他的在第 19 和 20 世紀初末期對電和磁性的貢獻也是知名的。他的專利和理論工作形式依據現代交變電流電力（AC）的系統，包括多相電力分配系統和 AC 馬達，使其引領了第二次工業革命。

如果你能完全依循這些指示，就會發展出「信念（Faith）」，這種「信念」是「所望之事的實底，是未見之事的確據」[註2]、你會發展出「自信」－這種自信將為你帶來韌性以及勇氣、你還會發展出「專注力」－你將能排除一切與目標無關的思想，而只留下相關的思想。

❧心靈圖像

　　「思想會化為有形實體」是個法則，也唯有懂得如何善用其思想而成為偉大思考者的人，才能成為「大師」並獲得如此的權威。

　　唯有透過在心中重複地描繪圖像，才能提昇其清晰與精確程度。每一次的重複都會讓心靈圖像比前一次描繪時更加清晰與精確，而心靈圖像清晰與精確的程度，更直接影響了其呈現於有形世界時的狀況。你必須先在你心中、在你的「內在世界」裡牢牢抓住那圖像，所描繪的情景才會在「外在世界」中成為實體；而如果沒有適當的材料，則就算是在內在世界中也無法建構出任何有價值的東西。雖然只要有材料就一定能做出些什麼，但是你還是一定要確保材料的正確，因為用劣質的毛料是絕對無法製造出高品質的布料的。

　　在你的內在世界中，有數百萬的工人將為你製造出這材料，並將材料依照你在心中描繪的圖像塑造成有形實體。

　　思考看看吧！在你的心靈世界中有為數超過五百萬的工

註2．出自《聖經》希伯來書 11:1，全文為：「信所望之事的實底，是未見之事的確據。」

人在努力工作著，他們就是你的腦細胞。除此之外，你還擁有一批至少相同數量的工人，隨時都預備著在你有需要時，召喚他們前來助陣。因此，你的「思考」這個能力所能產生的力量幾乎是無限的，而這也表示你有能力創造出建構理想環境所需的各種材料，而你的這個能力也是近乎無限。

除了上面所說的這數百萬工人之外，在你的身體中還有數十億的工人存在著，其中每一個都被賦予了足夠的智慧，能夠理解傳遞給他們的訊息，並採取對應的行動。這些細胞一直忙碌於建立與重建身體，不過除此之外，他們也被賦予了進行某種靈性活動的能力，他們能透過這個能力，把要成長至完美境界所需的物質吸引過來。

這些「工人」吸引所需物質時所依循的法則與方式，與每一種生命型態吸引其成長所需的材料時，所依循的法則與方式完全相同。不管是橡樹、玫瑰、百合，都需要某些材料才能達到最完美的呈現；它們都是透過在無聲中請求「吸引力法則」，因而能得到所需的材料。透過這種方式，你就必定能獲得所需的一切，而得以發展至最完全的境界。

把「心靈圖像（Mental Image）」描繪清楚而完美，並在心中牢牢地抓住這圖像。如此，道路與方法將會顯現，所需的供應品將隨需求而至，你將會在最正確的時間，以最正確的方式被引領去做最正確的事。「熱切的渴望（Earnest Desire）」會帶來「確信的期待（Confident Expection）」，而「確信的期待」則需要「堅定的要求（Firm Demand）」來強化。只要做到這三者，就必定能達到任何成就，因為「熱切的渴望」

是感覺、「確信的期待」是思想、而「堅定的要求」則是意志力；而正如我們之前所瞭解的，「感覺」能夠為思想注入生命力，而「意志力」則能將思想抓牢，讓「成長的法則」有足夠時間運行，而使思想在有形世界中化為實體。

在人類的內在世界，竟具有這種大多數人所不自知的偉大力量與超凡能力，這不是很美妙嗎？而長久以來我們所接受的教導，卻都是在「外在世界」尋找力量，這不是很奇怪嗎？我們所接受的教導要我們四處尋覓，卻從未教導我們往「內在世界」去尋找；而當那偉大力量在我們的生活中顯現時，人們竟又告訴我們，那是某種超自然的現象。

很多人知道這個偉大的力量，也有很多人花了許多心力，認真努力地想得到健康、權力等事物，然而卻無法如願；他們似乎總無法使法則開始運行。會造成這種結果，往往都是因為他們忙著應對外在世界，他們想要金錢、權力、健康、富足，卻不瞭解那些都只是「果」，唯有在找到「因」時才能得到。

一個人若能完全不去注意外在世界、若能專注於尋找真理，若能全心追求智慧，則這智慧將會為他揭露並解開一切力量的真正源頭之所在；他將瞭解那力量會展現於思想與目標之中，進而創造出所期望的外在環境。這偉大真理會在崇高的目標與大膽的行動之中，找到展現其大能的立足點。

要全心想著最理想的情境，而不要對外在世界的狀況投注任何思想。只要能把內在世界塑造得美好、豐饒，外在世界自然會依內在世界的狀況而顯現。

舉例來說，如果有個人身負債務，那麼他整天都會想著債務，他會把注意力都集中在債務上；這時，由於思想是「因」，因此必定會造成他的債務不斷增加的「果」。這個人的作法也成功地讓那偉大的「吸引力定律」開始運作，後續會產生那樣的結果也是無可避免的，這是因為「失去」只會帶來更多「失去」。

　　那麼，要怎麼做才正確呢？你應該要專注在你要的事物上，而不是專注於你不要的事物上。全心想著「富足」，在心中描繪出最理想的方法與計畫，來啟動「富足法則（Law of Abundance）」的運行。在你的想像世界中描繪出「富足法則」所創造出的美好狀況；當你這麼做時，就會使其顯現於有形世界之中。

　　如果這個法則能為那些滿腦子「缺乏」與「恐懼」的人們帶來貧窮、困乏以及各式各樣的限制，就一定也能為那些心中總抱持著「勇氣」與「力量」等思想的人們帶來富足與豐饒。

　　大部分人都有同樣的問題，我們太過於緊張，我們常焦慮、恐懼、沮喪，我們總想著自己應該要做些什麼，我們總想幫忙。我們就像個把種子種下之後，每隔 15 分鐘就把土撥開，想看看種子有沒有開始生長的孩子一般；而當然，在這樣的狀況下，種子是不可能發芽的。但是這卻也正是許多人在對自己內在世界做的事。

　　我們必須在種下種子後，就盡量使其不受干擾。這並不是說就這樣什麼都不做，相反的，我們將會做得比過去所做

的一切都更多、更好，將有新的道路不斷出現在眼前，會有新的門戶不斷為我們而開；我們只需保持一個開放的態度，隨時準備好在時機來臨時採取行動。

運用「思想力」，是最強效的知識獲取方式，而如果能將思想專注於問題上，則不論任何問題都能迎刃而解；沒有什麼是人類所無法理解與領悟的。然而，你必須付出一些代價，才能讓思想力為你所用。

切記「思想」就是那能產生蒸汽，而推動你的「命運之輪」的火源－你的人生經驗如何，就取決於此。

試著問自己一些問題，然後恭候答案的浮現；你是否偶而也會感受到另一個「自我」的存在？你通常是會接受這個自我的意見，還是都隨著多數群眾的意見起舞？要知道，「多數群眾」通常只有被領導的份，他們從來就不是領導者。當年竭盡全力反對蒸氣機、自動紡織機等各種進步與改良的，也就是「多數群眾」。

🐾 本週練習內容

　　在這星期做練習時，請以視覺化想像的方式，在心中想像你的一個朋友，「看到」最近一次與他碰面的狀況－包括房間、家具等，並回想當時的談話內容。現在，看著他的臉，看清楚一點；開始跟他交談，談一些彼此都有興趣的主題，你看到他的表情改變、看到他露出微笑。能做到嗎？可以？非常好。接下來，你要激起他的興趣，告訴他一個關於冒險的故事，看到他眼中閃耀著因趣味或興奮而產生的光芒。這些你都能做到嗎？若是如此，表示你的想像力非常好，你到目前為止的進展非常順利。

測一測你的理解力

（看題目時請遮住解答。請先完成本測驗再開始新一週的進度。）

Q1 何謂「視覺化想像」？

Ans.「視覺化想像」就是在心中描繪圖像的一種程序。

Q2 這種思想方式能產生什麼結果？

Ans. 藉由將影像牢牢刻在心板之上，將會逐漸地、持續地將圖像中所描繪的一切吸引到我們身邊。

Q3 何謂「理想化」？

Ans.「理想化」是指想像出可使所欲之物在客觀世界中實體化的計畫的程序。

Q4 為什麼需要清晰與精確？

Ans. 因為「看到」可產生「感覺」，而「感覺」才造成「存在」；先發生在心智層面，然後是情緒層面，最後才是實際的成就。

Q5 如何能做到清晰與精確？

Ans. 每一次的重複都會讓心靈圖像比前一次描繪時更清晰。

Q6 要建構心靈圖像時所需的材料是透過何種方式得到的？

Ans. 經由內在世界的數百萬工人—腦細胞。

Q7 如何獲得要讓理想在客觀世界中實體化時所需的各種條件？

Ans. 透過「吸引力定律」。這是負責為我們帶來一切狀況與經歷的自然律。

Q8 要讓「吸引力定律」開始運行需要哪三個步驟？

Ans.「熱切的渴望」、「確信的期待」與「堅定的要求」。

Q9 為什麼有這麼多人失敗？

Ans. 因為他們總是專注於損失、疾病、災難之上，基於「吸引力定律」，他們所害怕的就必定會發生。

Q10 上述狀況有什麼解決之道？

Ans. 改成將注意力放在你希望發生的理想狀況之上。

想像力與其力量

Charles Haanel 給你的信

　　在這週的課文中，你將瞭解雖然你可以自由選擇要想些什麼，但你的思想會造成何種結果，卻是由一條永恆不變的法則來決定！這觀念很有趣，不是嗎？我們的人生並非一連串的無常或變數所構成，人生中所發生的一切，背後都有法則掌管著－能知道這個事實真是太美妙了，不是嗎？而因為一切都有法則掌管，所產生的穩定性便造就了我們的機會，因為這表示只要我們依循法則行事，就可以準確地得到我們想要的結果。

　　就是因為宇宙依循著各種定律與法則而運行，

Charles Haanel

才能讓宇宙如同一首和諧的讚頌歌一般；如果沒有了定律與法則，宇宙將是一團混亂。

接下來，我要揭開過去、現在、未來一切「善」與「惡」源自何處的祕密。

思想導致行動，如果你的思想是建設性、與宇宙協調一致的思想，那麼行動後所得到的結果就會是「善」的；而如果你的思想是毀滅性、沒有與宇宙協調一致的思想，那麼行動後所得到的結果就會是「惡」的。

這也就是說，宇宙間只有存有唯一法則、唯一原理、唯一成因、唯一的「力量之源」，而所謂「善」與「惡」只不過是用來描述我們採取的行動所造成的結果，以及我們是否有依循這法則的詞彙而已。

藉由比較愛默生（Emerson）與卡萊爾（Carlyle）的人生，可讓我們更深入瞭解這觀念的重要性。愛默生熱愛生命中良善的事物，而他的人生就如同充滿平安、和諧節奏的交響曲一般；卡萊爾則痛恨一切惡事，這使得其人生充滿著不協調的事件。

這兩位都是偉人，他們都追求著相同的理想，但前者運用建設性的思想，因此與自然律協調一致；後者則運用毀滅性的思想，因此為自己的人生帶來各種不協調的狀況。

所以，我們不該憎恨任何事物，就算是所謂的

「惡」事也一樣，這是因為憎恨具有破壞性；在這週的內容中，我們也將瞭解到當我們心中有毀滅性思想時，就是在心田裡種下「微風」，然而，我們最終會收割到的將是「颶風」。

Charles F. Haanel

思想中蘊含著一個極為重要的原理－思想是宇宙的創造原理，而依其天性，思想會與其他相近的思想互相結合。

由於生命的唯一目的就是「成長」，所以存在世上的一切原理都必然對「成長」這件事有所助益，思想也因而會成形而最終透過「成長的法則」顯現在有形世界之中。

你可以自由選擇要想些什麼，但你的思想將造成何種結果，乃是由一條永恆不變的定律掌管著。不論任何思想，只要持續的時間足夠，就一定會在人的性格、健康、外在環境等方面產生實際的影響。因此，找到有效的方法，讓我們能以建設性的思想取代那些僅能帶來我們不想要的結果的思想，這件事就至關重要。

❧ 想像力如何培養？

我們都知道這並不容易，因為心智層面的習慣非常難以控制，但是即便如此仍是可以做到的，其方法就是立刻開始以建設性的思想取代那些毀滅性的思想。要養成分析每個思想的習慣－如果某個思想是有必要的，如果這個思想在客觀世界中顯現時，不僅可以為你自己帶來益處，同時還可為其影響所及的人們帶來益處，那麼就把這思想留下，並且要珍視它，因為這思想是有價值的、這思想能與那無窮智慧協調一致、這思想將會成長、發展並繁衍出百千倍的果實。另一方面，請牢記喬治・亞當斯的這句名言：「要學著關緊門戶，讓對你無益的一切無法進入你心中、辦公室裡、以及你的世界。」

如果你過去的思想多屬毀滅性的危險思想，也因而已於你所處的環境中造就出各種不協調的狀況，那麼你會需要立刻開始培養有助於產生建設性思想的心態。

在你朝這個方向努力時，「想像力」將對你產生極大的幫助；因為在你培養想像力的過程中，必定會探索出你人生的理想狀況，而你的理想將造就你的未來。

想像力能聚積材料，有了材料，你的心靈才能編織出用來裝飾你的未來的華美布料。

想像力就像一道光，藉著這道光，我們可以穿透而進入新思想和新體驗的世界之中。

每一位探險家、每一位發明家都是藉著想像力這個偉大工具，而開啟了由「前例」通往「經驗」的道路。「前例」總會把「這不可能做到」掛在口中；而「經驗」則總是說：「這已經完成了」。

想像力是一種具有可塑性的力量，能把所感知的事物塑造成會產生什麼顯著的影響，你的主導心態才是真正的重點。

如果你一天當中有 10 小時都想著軟弱的、有害的、負面的思想，那又怎能奢望一天只花短短 10 分鐘去想堅強的、正面的、創造性的思想，就能為你帶來美好而協調的狀況？

真正的力量來自於內在世界，人所可能運用的一切力量都存在於他的內在世界之中。只要他能先認知到這力量的存在，然後大膽宣告這力量為他所有，並使這力量深入他的意識之中，直到他與這力量成為一體。如此，就能讓這力量顯現於有形世界之中。

很多人都說他們想要富足的人生，他們的確想要，然而卻有很多人以為只要他們以科學化的方式呼吸或鍛鍊肌肉、以某種特定的方式吃某些特定的食物、然後每天固定喝特定杯數與溫度的水、同時儘量不要吹到風，這樣就可以得到他們想要的富足人生。事實上，這些方法所能產生的成效微乎其微。然而，當一個人體悟真理、確信他與那「生命之源」的一體性時，他將發現自己的雙眼明亮、步履輕盈、充滿年輕的活力；這時他將瞭解自己已尋得世間一切力量的源頭。

一切錯誤都源自於無知。人的成長與進化，就取決於知識的取得以及取得知識後產生的力量。對知識的認知能力與展現能力，乃是力量的構成要素，這力量是一種靈性的力量，這種靈性力量也就是存於萬物內在的力量，祂是整個宇宙的靈魂。

這知識是來自人類的「思考」這個能力，所以，「思想」就是人類意識進化的起源；如果一個人的思想與理想停止進步，其力量就會開始消散，而這種內在的改變也將逐漸顯露於其外表之上。

成功人士會肩負起想清楚他們希望能實現何種理想狀況的責任，他們會在心中不斷想著要達成他們努力追求的理想時，所需進行的下一個步驟。「想像力」是他們的工作室，而「思想」就是他們創作時使用的材料。他們透過「心靈」這個不斷活動著的力量，得到要達成其成就所需的人、事、物，而「想像力」便是那塑造出一切美好事物的母體。

如果你對自己的理想有堅定不移的信念，那麼當外在條

件齊備，準備好要將你的理想實體化之時，你將能聽到其召喚之聲，而你所能得到的成果，將與你對自己達成理想的信心成正比。是否能吸引實現理想所需的外在條件，完全取決於你是否能堅定地持守自己的理想。

如果把你的整個存在比喻為一塊布料，那麼上面所說的就是能讓你將靈性與力量織入其中的方法。透過這個方式，你可以讓自己獲得喜悅的人生，並保護自己永遠不受任何傷害；透過這個方式，你將可成為一個正向的力量，將各種豐饒與和諧的狀況吸引到你的生命中。

對這些知識的無知，就像逐漸滲入大眾意識的病毒一般，而世上種種動盪局面也往往都是因此而造成。

上週你已學會如何創造一個心靈圖像，你已能使那圖像由不可見成為可見；這週我要你挑選一個目標物，然後開始追溯回其源頭，看看它是由哪些東西組成。如果認真做這個練習，就能發展出想像力、洞察力、領悟力與聰明睿智。大多數人在觀察事物時都只重表面，因此無法得到這些能力；要得到這些能力，就必須要能敏銳地以分析方式觀察隱藏於表象之下的真相。

只有極少數人真正瞭解他們所看見的一切都只是「果」，並真正體悟這些「果」是透過何種方式而能顯現於有形世界。

❧本週練習內容

　　請在同一個位置坐下，然後開始想像一艘戰艦。在心中「看到」這頭猛獸浮於水面之上，它的附近杳無人跡、一片寧靜。你知道船體的大部分都在水面之下，所以看不到，你知道這艘船的重量約等於一幢20層的高樓，你知道船上有數百人枕戈待旦，你知道船上有許多單位，每個單位中都有許多訓練精良且非常幹練的軍官在負責，且他們都已證明自己有能力操控這具龐大的機械。你知道雖然它看起來對周遭一切渾然不覺，但事實上它擁有可看清方圓數哩距離的能力，而在其警戒範圍內，沒有任何物體可以逃脫。你知道雖然它看來安靜、順從而無害，但事實上它卻隨時可將重達數千磅的武器，射向遠在數哩之外的敵人。要想到這些或甚至更多相關事實可能並不困難，但是，這艘戰艦最初是怎麼出現的呢？如果你是個細心的觀察者，就會想要瞭解這個問題。

　　現在，跟著製造船體用的鋼板回到鑄造廠，你看到鑄造廠中有數千位工人正努力生產著。再往前推，你看到剛從礦坑中挖出的礦石，你看到許多裝滿礦石的貨車與貨船，你看到礦石被熔解與精鍊。再繼續往回推，你看到設計戰艦的工程師。讓你的思想帶著你繼續回溯，以瞭解他們為何要設計這艘戰艦；你會發現，你已回溯到戰艦還不存在、還是無形之物的時候，在這個時候，這戰艦還只是工程師腦中的一個思想而已。那麼，建造戰艦的命令是從哪裡來的呢？也許這命令是來自國防部，不過也可能是在有戰爭的可能之前，就

已經開始建造這船艦的計畫了。而在這之前，國會也必須先通過提撥這筆預算的法案才行；在審議法案的過程當中，可能有反對派的阻撓，也可能進行了許多場贊成與反對通過法案的辯論。那麼，負責審法案的國會議員們代表著哪些人呢？他們正是你我的代表。像這樣，我們的思想路線始於戰艦而終於我們自身，且在我們的最終分析中發現，我們的思想就是這艘戰艦以及許多其他事物的起因；此外，只要再稍加思索，也會發現另一個最重要的事實─如果不是因為有人發現了能讓這巨大鋼鐵飄浮在水面之上，而不會立刻沈入深海之中的定律，那麼這艘戰艦就根本不會存在。

這個定律就是：「某一物質的比重等於該物質在任意體積下的重量除以相同體積的水的重量」。這個定律的發現，使得遠洋旅遊、商業與戰爭等領域都發生革命性的變化，同時也使得戰艦、航空母艦、遊艇等各式船隻得以存在。

這類練習將為你帶來極大的價值。當你把自己訓練到能看穿表象而深入其內在，這時世上一切事物都將不再相同，原本細微之物將化為顯著，原本無趣之物也將趣味橫生，你也將發現，許多原本被視為無足輕重的事物，可能反而是世間最重要的關鍵。

🐾 測一測你的理解力

（看題目時請遮住解答。請先完成本測驗再開始新一週的進度。）

Q1「想像力」是什麼？

Ans.「想像力」是一種處於建設性型態的思想，我們可藉由想像力穿透而進入新的思想與體驗世界之中；所有發明家與探險家們也都是藉由想像力開啟由「前例」通往「經驗」的道路。

Q2 培養想像力可以造成什麼結果？

Ans. 在培養想像力的過程中，也會發掘出你的人生理想，進而使你的人生朝此方向發展。

Q3 想像力要如何培養？

Ans. 透過「鍛鍊」來培養，而在鍛鍊時也需提供其所需的養分，否則它將無法生長。

Q4 想像力跟「白日夢」有什麼差別？

Ans.「做白日夢」是在浪費心靈力量，真正的想像力是一種建設性的思想，經由想像力才能衍生出其他建設性的行動。

Q5 世上各種錯誤是源自何處？

Ans. 一切的錯誤都是因「無知」而造成。

Q6「知識」是從何而來？

Ans. 從人類的「思考」這個能力而來。

Q7 成功人士是藉由何種力量而能達成其成就？

Ans. 透過「心靈」這個不斷活動著的力量，來獲取要達成其目標所需的人、事、物。

Q8 什麼東西預定了事情的結果？

Ans. 在心中不斷想著自己的理想，就可以將使其實現所需的條件吸引過來。

Q9 如果以分析方式觀察一切，將可培養出何種特質或能力？

Ans. 培養想像力、洞察力、領悟力與聰明睿智。

Q10 具備這些特質與能力會帶來什麼好處？

Ans. 具備這些特質的人們將能獲得豐饒而和諧的人生。

肯定語──你的創造工具

Charles Haanel 給你的信

在這週的內容中，你將可學到如何塑造出一種工具，這工具可協助你創造出一切你所渴求的狀況。如果你想要改變現狀，那麼首要之務就是改變你自己。在追求你那些一時興起的想法、你的種種願望、你的各種幻想乃至於你的企圖心與抱負的過程中，都可能會遭到各種阻撓或挫敗；然而，你內心深處的思想卻是必定會展現於有形世界之中，就如同植物必是由種子中長出一般。

那麼，如果我們想改變某些現狀，這時該怎麼做呢？答案很簡單：藉「成長的法則」之力。不論是在「思想」這個隱藏的國度還是在物質世界之中，「因果律」

Charles Haanel（簽名）

都絕對適用且不會有絲毫的偏差。

在心中不斷想著你所希望的狀況，然後以如同這狀況已然成真一般的方式，肯定地說出所希望的狀況，只要這麼做，就會瞭解一句強而有力的肯定語所能產生的價值。經由「不斷重複」，會讓這肯定語成為我們的一部份。而在這樣的過程中，我們事實上就是在改變我們自己，是在將自己塑造成我們所希望的樣子。

品格不是一朝一夕造成的，而是持續下功夫才能得到的結果。如果你目前是個怯懦、優柔寡斷、怕生的人，或是經常過度焦慮或飽受恐懼與被害意識的折磨，那麼請記得這個不證自明的原理：「兩件不同的東西無法在同一時間存在於同一地點之中」。

在心智與靈性的世界中，這原理也同樣成立；所以，若要解決上面所說的狀況，最好的方法就是以勇氣、力量、操之在我與自信等思想，來取代那些恐懼、缺乏與限制的思想。

而要做到這一點，最簡單、最自然的方式就是去挑選一句能符合你的狀態的肯定語。

正面的思想必能消滅負面思想，一如光必能消滅黑暗一般。而其產物也會有同樣的效果。

行動是思想所開出的花。而外在世界的狀況則是行動所結出的果；所以，其實你一直都握有能造就或毀滅你自己的工具，而你得到的是喜樂還是苦難，也完全取決於你自己。

Charles F Haanel

在「外在世界」中，人會渴望擁有的東西，事實上只有三種，而當中每一種都可在「內在世界」中尋得。要尋得這些事物，秘訣就在於要開始透過一種「連接裝置」，將自己連接至那任何人皆可觸及的「全能力量」之上。

每個人都必定渴望擁有的這三項事物乃是「健康」、「財富」、以及「愛」，而一個人若想發展到其最高層次且發展到最完全的水準，那麼這三者是缺一不可。相信每個人都能接受「健康」是必要的；沒有人能在身體有病痛時感到快樂。至於「財富」這部份，可能不是每個人都肯承認其必要性，不過應該每個人都會同意一個人至少需要有足夠的金錢；而對某個人來說的「足夠」，在另一個人眼中可能卻是極度的貧困。如果我們去觀察自然界，就會發現大自然總是大方地供給所需之物，其供給量非常充足，甚至到了浪費的程度。由此可知，任何「缺乏」或「限制」都只是因為人類所發展出的分配方式有缺陷而造成。

應該每個人都能接受「愛」是一個人要得到喜樂的第三項要素（有些人可能認為這是最重要的一項）。而無論如何，同時擁有「健康」、「財富」、「愛」三者的人，其喜樂之杯必然已經滿溢而無可加添。

我們已經瞭解宇宙的本質乃是「全然健康」、「全然富裕」以及「全然的愛」，而我們也已知道，能使我們與這無窮的供應之源相連的「連接裝置」，就存在於我們的思想之中。因此，只要能有正確的思想，便能讓我們進入那「至高者隱密處」[註1]。

註1. 出自《聖經》詩篇91:1，全文為：「住在至高者隱密處的，必住在全能者的陰下。」

「我們該想些什麼？」如果能找到這問題的答案，便能尋得能使我們得到所渴求的一切的方法。在我告訴你這個方法後，你可能會覺得這似乎過於簡單，但請繼續讀下去，你將發現這方法事實上就像「萬能鑰匙」或「阿拉丁神燈」一樣；你也將發現這方法便是得到一切幸福的基礎與必要條件，也是隱藏於其背後的絕對法則。

❧ 如何才能理解真理？

要正確地思考，就必須先明白真理。所謂「真理」就是隱藏於所有事業或社會關係之下的法則；人必先瞭解真理，而後才能做出正確的行為。當一個人瞭解真理，當一個人心中能完全篤定而充滿自信時，他將得到無可比擬的滿足感；真理乃是在充滿懷疑、衝突與憤恨的世界中，唯一的一座穩固基台。

當一個人瞭解真理時，便是與那「無窮且全能之力」進入協調一致的狀態。因此，明白真理便能使你連接上一股不可抗拒的力量，這股力量將為你掃除所有的不一致、失調、疑慮與錯誤，因為「真理力量宏大，必將得勝」[註2]。

任何行動只要是根基於真理，那麼一個人即使智慧再怎麼不足，也能準確預言其結果；反之，如果一個人的願望是根基於自知錯誤的前提之上，那麼不管他的智慧有多高、心靈力量有多強大，他都無法預測其行動將產生何種結果。

不論是出於無知或是刻意，只要所採取的行動與真理不

註2. 馬克・吐溫的名句。

一致，就只會產生不協調的結果，而最後也必將依行動偏離真理的程度與性質，導致不同程度與性質的損失。

那麼，我們要如何才能明白這真理，接上那能使我們與那「無窮之源」相通的裝置呢？

如果我們能體悟所謂「真理」就是「天地之心」最重要的原則，且真理無所不在，這時我們就能接上那裝置。舉例來說，如果你想要健康，那麼只要你真正體悟到，在你裡面的那個「我」是一種靈性的存在，而所有的靈性存在本是一體，且不論「部分」所處何地，「整體」都必然存在於該處，這時，你就必然會得到健康－這是因為你身體裡每個細胞都必須呈現出你心目中的真理。因此，如果你心中所想都是疾病，那麼你體內的細胞就會展現出疾病；反之如果你心中所想的是完美的健康，你體內的細胞也必須呈現健康的狀態。以下這句肯定語將可為你帶來各種和諧美好的狀況：「我完美無瑕、完整無缺，我身體強壯、充滿力量，我充滿愛，我感覺和諧而喜樂。」之所以能帶來和諧美好的狀況，是因為這句話與「真理」完全一致，而當「真理」現身時，一切錯誤與不協調狀況都必將消逝。

你已經知道你的「我」是靈性的存在，因此可以確定「我完美無瑕、完整無缺，我身體強壯、充滿力量，我充滿愛，我感覺和諧而喜樂」這句肯定語是非常科學的陳述。

思想是一種靈性活動，而靈是有創造力的。因此，只要讓某一思想留駐於心中，就必定能帶來與此思想頻率一致的狀況。

如果你希望得到財富，那麼只要你明瞭你裡面的那個「我」與「天地之心」實為一體，而天地之心乃是全然富足且無所不能，那麼你就能使「吸引力定律」開始運行。吸引力定律將使你與一切有助於你獲得成功的力量產生共振，並依你的肯定語的目的與性質，為你吸引來權力與富裕的狀況。

「視覺化想像」就是你所需的連接裝置。「視覺化想像」與肉眼的「看」是非常不同的過程，肉眼的「看」是生理層面的動作，因此所連接的是客觀世界，也就是「外在世界」；而「視覺化想像」則是想像力的產物，所以也是屬於主觀心、也就是「內在世界」的產物。也因此，視覺化想像的產物具有生命力而會成長，它必定會使其自身化為有形世界的實體。這是個完美的機制，這機制是由那全能的偉大造物主所創造的；只是很不幸的，有時操作這機制的人們經驗與能力有所不足，不過只要他們肯「練習」、有「決心」，則必定可克服這個缺憾。

如果你想要得到「愛」，那麼就試著去瞭解唯一能得到愛的方法，就是去給予愛。試著去瞭解，若你肯給出去越多，就能得到更多，而要能給出去的唯一方式，就是先使自己充滿愛，直到你成為愛的磁鐵。其方法會在另一週的課程內容中作詳細說明。

當一個人將這些最偉大的真理導入生命中，在一切所謂「小事」上付諸實踐時，就會發現解決其一切問題的秘訣。一個人在接觸偉大的思想、偉大的事件、偉大的自然界造物與偉人們時，必然會被刺激、鼓舞，其思想也將更加深入。據

說當一個人靠近林肯時，就會產生一種感覺，那感覺就如同身處山林之中時，那種內在被某種力量喚醒的感覺一般。而當一個人產生這種感覺時，也就表示他已體悟到自己已掌握某些永恆不變之事──也就是「真理」的力量。

有時候，能看看他人是如何實際去測試這些原則、如何實際在生活中應用這些原則，將可得到不同的啟發。以下是由弗瑞德里克·安德魯斯（Frederick Andrews）所寫的一封信，信中提供了許多真知灼見：

「在我大約 13 歲時，馬西醫生（Dr. T. W. Marsee）對我母親說：

『安德魯太太，令郎能存活的機會真的微乎其微，我自己的兒子也是因為同樣的原因過世的，當時我也嘗試過一切的可能方式，但最後仍失去了他。我對這種疾病做過深入的研究，我可以確定令郎是不可能康復了。』

我母親轉頭看著他，說：『醫生，如果他是你的孩子的話，你會怎麼作？』醫生回答說：『只要有一絲希望，我就會繼續奮鬥。』。

就這樣，開始了一場長期抗戰，在這期間我的病情有多次的起伏；醫生們都認為沒有康復的可能，但他們都盡全力鼓勵我們。

然而最後我們得到了勝利，我從一個矮小、萎縮、畸形、跛腳、只能在地上爬行的孩子，長成一個強壯、挺拔、一切正常的人。

我知道你會很想馬上知道我所用的秘方，我將盡可能簡

短地說明清楚。

當時我為自己設計了一句肯定語，用以不斷地對自己重複我最需要的各種特質：『我完美無瑕、完整無缺，我身體強壯、充滿力量，我充滿愛，我感覺和諧而喜樂。』我不斷地重複同一句肯定語，沒有更改其中一字一句，一直到連半夜醒來時都發現自己在複誦著：『我完美無瑕、完整無缺，我身體強壯、充滿力量，我充滿愛，我感覺和諧而喜樂。』這段話成為我睡前的最後一句話，也是清早醒來時的第一句話。

我不只是對自己使用這句肯定語而已，也會將它用在其他需要的人身上。不論你自己想要什麼，都把對應的肯定語應用在他人身上，這麼一來對雙方都能同時產生幫助。我們將收割到自己先前所栽種之物，所以如果我們將愛與健康的思想傳送出去，那麼愛與健康就如同把糧食撒在水面上[註3]一樣，必定會回到我們身上；而如果我們傳送出去的是恐懼、憂慮、嫉妒、憤怒、憎恨等思想，則我們也必將在生命中收割到其果實。

之前有些人說人體每隔 7 年就會完全再生一次，不過現在又有些科學家們宣稱人體其實每隔 11 個月就會再生一次。這就表示其實我們都最多只有 11 個月大而已，所以，如果我們年復一年地讓各種缺陷繼續存在身體之中，那麼其實能責怪的人也只有我們自己而已。

人是其自身思想的總和，所以，問題在於我們要如何才

註 3．出自《聖經》傳道書 11:1，全文為：「當將你的糧食撒在水面，因為日久必能得著。」

能讓自己只想那些有益的思想，而拒絕去思索那些有害的思想？剛開始時，雖然我們還無法使那些有害的思想不要出現，不過，我們仍可以選擇不要留下這種思想。唯一的方法就是忘了它們－意思是，拿別的東西來加以取代－而這也就是你預先準備好的肯定語要派上用場的時機了。

當你發現心中有憤怒、嫉妒、恐懼或憂慮的念頭在蠢蠢欲動時，就開始複誦你的肯定語。要與「黑暗」征戰，就要以「光明」為武器；要與「寒冷」征戰，就要以「熱度」為武器……因此，若要與「惡」征戰，就要以「善」為武器。以我的觀點而言，我認為「自我否定」並無法帶來任何好處。只要以肯定的語句訴說「善」的事物，那麼一切不好的事物就會隨風而逝。

——弗瑞德里克·安德魯斯」

如果你有任何想要的東西，那麼開始應用這句肯定語將可產生極大的幫助。這句肯定語本身已無可增補，你只要依照原樣去應用即可；進入「靜」的狀態中，然後複誦這句肯定語，使其進入你的潛意識，如此一來，不管你是在車上、辦公室中還是在家裡，也都能隨時使用這肯定語，而「隨時隨地可用」也可說是靈性層次的各種方法的好處之一。靈性存在體的特質是無所不在、永遠就緒，你只需對其全能力量有清楚的認知，並具有成為其慈愛果效之接收者的意願或渴望即可。

如果我們的主導心態都充滿力量、勇氣、慈愛與憐憫，那麼我們周遭的環境便會反映出這些思想；而如果我們的主

導心態充滿虛弱、批判、嫉妒與毀滅性的想法，則我們周遭環境也一樣會反應出這些思想。

思想是「因」，而外在的各種狀況是「果」。透過這概念，也可解釋「善」與「惡」的起源：思想具有創造力，且思想會自動與其目標物彼此產生關連，這是一條宇宙定律，這是「吸引力定律」、是「因果律」；對此定律的認知與應用將決定「開始」與「末了」。從古至今人們之所以相信「禱告」的力量，也是因為有此一定律的存在的關係。

「照著你們的信給你們成全了吧」[註4]這段經文不過是一種更簡單扼要陳述這定律的方式而已。

130　註4. 出自《聖經》馬太福音 9:29。

🐞 本週練習內容

　　這週練習時請試著想像一株植物—你可以選擇你最喜歡的花，然後使它由「不可見」成為「可見」；在心中想像你種下種子，為它澆水、仔細呵護它、將它放置在清早陽光可照射到之處。你看到種子開始發芽了，這表示現在它已擁有了生命，它將會開始尋求生存之道。你看到它開始生根，看到根穿透泥土，朝各個方向發散出去；你知道這些根都是由細胞所構成，這些細胞不斷分裂、再分裂，數量很快就達到數百萬。你知道每個細胞都具有智慧，都知道自己需要什麼，也知道如何才能取得所需之物。你看到種子開始發芽、看到芽穿出地表、看到芽開始分支；你注意到每個枝幹的完美與對稱性。你看到枝幹上開始長出葉片，然後又長出很小的莖，在莖上開始長出小花苞。就在你注視著花苞時，這花苞展開了，你最喜歡的花出現在你的「心眼」之前。現在，如果你願意再更專注一點，那麼就能聞到一股香氣，這是當微風拂過這朵你所想像出來的美麗造物時，所帶出的香氣。

　　如果你能使想像的畫面清晰且完整，就表示你已經能深入任一事物的靈魂，你所想像的事物將變得極為真實；你也將習得專注的能力，而不論你是要專注於健康、專注於你最愛的花朵、專注於你的理想、專注於複雜的商業事務、還是要專注在人生中的任何疑難雜症，其方法都是一樣的。

　　一切的成就，都是透過持續專注於「心眼」所見的目標之上才得以達成。

（看題目時請遮住解答。請先完成本測驗再開始新一週的進度。）

Q1 要做出正確的行動，必先要符合什麼條件？

Ans. 要有正確的思想。

Q2 隱藏於所有事業或社會關係之下的法則稱為什麼？

Ans. 真理。

Q3 瞭解真理可以帶來什麼成果？

Ans. 任何行動只要是根基於真理，那麼一個人即使智慧再怎麼不足，也能準確預言其結果。

Q4 如果所採取的行動是根基於自知錯誤的前提之上，會有什麼後果？

Ans. 不管一個人的智慧有多高、心靈力量有多強大，他都無法預測其行動將產生何種結果。

Q5 我們要如何才能瞭解真理？

Ans. 要體悟所謂「真理」就是「天地之心」最重要的原則，且真理無所不在。

Q6 真理的本質是什麼？

Ans. 真理具有靈性力量。

Q7 要解決一切問題的祕密何在？

Ans. 去應用具有靈性力量的真理。

Q8 靈性層面的各種方法有何好處與優勢？

Ans. 隨時隨地可用。

Q9 要運用這些方法有何先決條件？

Ans. 要對其全能力量有清楚的認知，並具有成為其慈愛果效之接收者的意願或渴望。

啟動「富足」的自然律

Charles Haanel 給你的信

　　如果你能完全理解本週課文中的思想，就會瞭解一切事情的發生，背後必定有對應的導因存在，同時也將獲得依據精準的知識來建構計畫的能力，並將瞭解如何透過種下適當的「因」的方式來掌控一切狀況。當你贏的時候（你一定會的），你會清楚知道自己為什麼會贏。

　　一般人不瞭解關於「因」與「果」的知識，因此往往被其感覺與情緒牽著鼻子走。

　　他總是先想著要如何才能將其行為合理化－如果經商失敗，他會說這是因為運氣不好；如果不喜歡

音樂，他會說欣賞音樂是奢侈的享受；如果內勤工作做不好，他會說如果讓他做外勤工作，就一定會表現優異；如果人緣不好，他會說這都是因為別人不懂得欣賞他的優點。

他從不會徹底地去檢討自己的問題，簡言之，就是他並不知道每個「果」都是特定的「因」的結果，反而是透過一堆解釋與藉口試圖安慰自己。他的心中滿是自我防衛的想法。

相反的，一個知道任何果效必有其前因的人就不會自憐自憐，他會對事實真相追根究底、他會願意依循真理的引導、他對問題能看得清楚透徹，並做到完全符合所需的「因」的條件的程度。結果是這世界將會把祂所能給予的一切都給他——以友誼、榮譽、愛、認可等各種形式。

「富足」是宇宙的自然律之一，可證明這法則存在的證據非常充足，到處都可以看得到。自然界的供給總是鋪張、奢侈到近乎浪費的程度，不論在任何被造之物中都找不到「節約」的蹤跡，萬物都毫不匱乏。自然界中數不清的樹木、花卉、各種植物與動物，以及那龐大而永續運行，不斷進行著創造與再造工作的繁殖系統，在在證明了自然界為人類提供的豐沛供給。很明顯的，這是個富足的世界，然而也有很多人顯然未能享用這富足；這些人還未能瞭解萬物之源「無所不在」的特性，也還不知道「心靈」就是能讓我們得到所欲之物的重要原理。

　一切的財富都是「力量」之下的產物。唯有在所持有之物能產生力量時，才能產生價值；唯有當事件本身會對力量造成影響時，才算是重要的事件。任何事物都代表著某種型態或程度的力量。

　人類是因為對掌管電力、化學作用、重力等領域的各種定律、法則所展現出來的因果關係有所瞭解，所以才能大膽地去策劃並勇敢地執行各種計畫。這些定律與法則稱為「自然律」，這是因為它們負責管控的是整個有形世界，然而世上並非只有有形世界的力量而已，另外還有心智層次的力量、道德層次的力量以及靈性層次的力量存在著。

　因為靈性力量所存在的層次較高，因此其力量較其他力量強大。人類就是透過這種力量，才能發現各種定律與法則，並藉以駕馭自然界的偉大力量，運用這種力量來進行各種本需數百甚至數千人才能完成的工作；也是透過這種力量，人

類才能發現那些能消彌時間、空間差距，乃至於克服重力的定律。這個法則的運行完全取決於靈性層面的接觸，就像亨利‧卓蒙德（Henry Drummond）[註1]所說的：

「在我們所知的有形世界中，存在著有機與無生物世界。無生物世界或礦物世界與動植物世界之間壁壘分明，其間的通道封鎖得密不通風；這兩個世界之間的障礙從未曾被跨越過。無論如何去改變物質、不論如何調整環境，不管是化學、電力、任何一種型態的能量、乃至於演化，都無法為礦物界中即便是一顆小小的原子注入『生命』這個屬性。」

「唯有當某種生命型態俯身進入這個死寂世界時，這些本無生命的原子才會得恩賜而獲得生命力；而如果沒有透過這種方式接觸到『生命』，那麼這些原子就會永遠處於無生物世界之中。赫胥黎說《生源論》（或『生命乃是源於生命』）」的學說在這部份大獲全勝，而丁鐸爾（Tyndall）[註2]也迫於情勢而說道：「我可以肯定目前還沒有絲毫可信的證據，能夠證明現存的一切生命之所以能存在與舊有的生命無關。」

「有形世界的各種物理定律或許足以解釋無生物世界，生物學或許能夠解釋與說明有機世界的發展，然而說到這兩個世界之間的接觸點這部份，科學可說是毫無頭緒。而在自然界與靈性世界之間，也有類似的通道存在著；由自然界通往

註1．亨利‧卓蒙德（Henry Drummond, 1857~1897）是著名的科學家和作家。他曾領導勘察南非的地質，並就熱帶非洲寫了一份頗具權威的著作，但他最為人稱道的是一本關於愛的書——《世上最大的事》（The Greatest Thing In The World）。

註2．約翰‧丁鐸爾（John Tyndall, 1820-1893），愛爾蘭自然哲學家。

靈性世界的方向是封鎖著的。這扇門緊緊鎖著，沒有任何人能打開，不管任何一種生理上的改變、心智上的力量、道德層面的努力或其他任何領域的進展，都無法使人類進入靈性世界之中。」

然而，就像當植物深入礦物世界，並以那謎一般的生命力量觸碰這個世界一般，「天地之心」也會屈身進入人心之中，為人的心靈注入各種新的、奇異的、偉大的甚至難以想像的特質。不管是在工業界、金融界還是藝術界的任何成就，都是因為這個程序才得以達成。

♨「有限」與「無限」

思想就是「有限」與「無限」、「宇宙」與「個人」之間的連結。我們已經知道從無生物世界無法進入有機世界，而物質必須先被注入生命力，才能顯現於有形世界之中。當一顆種子落入礦物世界並開始生長時，原本沒有生命的物質便開始擁有了生命，數千隻看不見的手指開始為這位新訪客編織出合適的生長環境；在「成長的法則」開始發揮作用後，我們會看到種子不斷生長，最後長成一朵美麗的百合花，而「就是所羅門極榮華的時候，他所穿戴的，還不如這花一朵呢！」[註3]

思想就像是種子，當這種子落入「天地之心」用以創造萬物的那眼不能見的存在體之中，並開始生根時，「成長的法則」便會生效；由此可知外在的環境或狀況，都只是思想展

註3. 出自《聖經》路加福音 12:27。

現於客觀環境時的一種型態罷了。

這法則的內容是：「思想」是一種活躍的、具生命力的動態能量，它具有與其目標產生關聯的能力，並能將其所思及的目標，由那被用以創造萬物的無形存在體帶入有形或客觀世界之中。萬事萬物都是透過這個法則才能顯現在有形世界中，這個法則也就是能讓你進入

「至高者隱密處」並「治理地上萬物」註4的萬能鑰匙；如果你能完全體悟這個法則，就可以做到「定意要做何事，必然給你成就」註5的境界。

這法則必定會如此運作的。如果宇宙的靈魂是我們所知的「宇宙靈體（Universal Spirit）」，那麼宇宙不過就是祂為自己創造出來的狀況而已；而我們都只是個體化的靈體，正在透過與祂完全相同的方式創造有助於自身成長的環境。

這種創造力量是根基於我們對靈性或心智潛力的認知，此外，也請千萬不要將這力量與「演化」混為一談。「創造」是使原先於客觀世界中不存在的東西出現於客觀世界；而「演化」則只是已存在的事物在展現其潛在可能性的過程而已。

在我們要抓住因這法則的運行而產生的美妙機會時，必須牢記一件事：我們無法對這法則的功效做任何增添，就像那位偉大導師所說的：「我所做的事，不是憑著自己做的，乃是住在我裡面的父做他自己的事。」註6我們所能扮演的角色

註4. 出自《聖經》創世紀1:28。

註5. 出自《聖經》約伯記22:28。

註6. 出自《聖經》約翰福音14:10。但與原文略有不同，原文為「我在父裡面，父在我裡面，你不信嗎？我對你們所說的話，不是憑著自己說的，乃是住在我裡面的父做他自己的事。」

也是一樣的，我們對「讓思想化為真實」這件事一點也幫不上忙，我們只需遵循法則去行，「萬物之源」就會負責帶來結果。

現代人所犯的最大錯誤，就是認為自己必須要先有足夠的智能，而後那無窮力量才能透過這智能帶來特定的目的或結果。事實上完全沒有這個必要，人其實可以完全仰賴「天地之心」來尋出讓任何事物成真的道路與方法。不過，我們仍需負責釐清自己的理想，而這理想必須夠完美才行。

我們知道人類已能明確地描述出關於「電」的種種法則，因而能控制這種人眼所不能見的力量，透過各種不同的運用方式，為我們的生活帶來便利與舒適。我們知道那種笨重的機器設備之所以能將訊息傳遞到世界各地，乃是因為電的關係，我們也知道電幾乎可說是照亮了整個世界；但我們也知道，不管是故意的還是因為無知，只要我們違反了電的法則，而去碰觸沒有做絕緣且通上電的電線，那麼就會產生不好甚至很悽慘的結果。如果對那些掌管著無形世界的法則不夠瞭解，也可能會產生類似的結果，而有許多人長久以來都因此而受苦。

先前已經解釋過「因果律」是基於「極性（polarity）」——必須要形成一組迴路；如果我們沒有與法則協調一致，就無法形成這樣的迴路。而如果我們連這法則到底是什麼都不清楚，又怎能做到與之一致呢？我們又要如何才能知道這法則究竟是什麼呢？要透過研究、透過觀察。

這法則運作的證據隨處可見－整個自然界都依循著「成

長的法則」沈靜而持續地在展現自我，也藉此驗證了法則的運行。看得到「成長」的地方，就必定有生命的存在；而只要有生命存在，就必定處於與自然律協調一致的狀態下，所以任何有生命的東西都能不斷地吸引要使其生命完全展現所需的各種條件與供給。

如果你的思想與自然界的創造原理一致，則你的思想也會與那無窮宇宙頻率一致，這時就會形成迴路，而你的思想必將成就，絕不會徒然返回。然而如果你的思想與無窮宇宙頻率不一致，則極性就不存在，也就無法形成迴路，這時會造成什麼結果呢？想想看，如果當一部發電機在輸出電力時，迴路被切斷而電流沒有了出口，這時會發生什麼事？發電機將會停止運作。

對你而言也是一樣，如果你心中持有與「無窮宇宙」不一致的思想，而導致無法產生極性，這時將無法形成迴路，你就會處於絕緣狀態；那些思想會不斷黏著你、騷擾你、使你煩憂，最後為你帶來疾病、甚至死亡。你的醫生可能就不會以這樣的方式診斷你的病症，他會在眾多病名中挑選一個合適的來套上你的病症，然而不管名稱是什麼，事實上這些疾病的成因都相同－都是「錯誤的思想」所造成。

建設性的思想必然會具有創造力，然而有創造力的思想還必須要協調一致，這麼一來，就可以消除所有破壞性或競爭性的思想。

智慧、強健、勇氣以及一切協調狀況都是內在力量的產物，而我們已經知道一切力量都源自內在世界；同樣的，一

切缺乏、限制、不利狀況都是「軟弱」所造成，而軟弱不過只是缺乏力量而已，它不知源自何處、它什麼都不是－因此，解決之道就是培養出力量，而其方法與要培養任何力量的方法一樣：透過訓練。

訓練的方式就是要去應用你的知識，知識無法應用自己，因此必須由你來應用。「富足」不會從天而降，也不會憑空出現；只有當你具備對「吸引力定律」的認知與瞭解、為了某個明確的目的而希望此定律開始運行的意圖、以及要實現目的的決心時，才能透過自然界的移轉法則使你的欲求化為實體。如果你從事商業，則這法則將會使你原有的通路更加發達，也可能會有新的配銷通路出現；而一旦這法則開始全力運轉時，你就會發現自己在尋求的東西也正在尋找你。

🐾 本週練習內容

　　這週練習時，請同樣坐在你平常做練習的位置，然後挑選牆上一片空白的牆面或其他方便之處，接著在心中想像牆面上有一條黑色、長約六吋的水平線；請試著讓自己能清楚「看見」這條線，宛如它真的畫在牆上一般。現在，想向你在這條水平線兩端各畫出一條垂直線，接著再畫一條水平線，使這兩條線相接，這就形成了一個方形。試著讓自己能清楚「看見」這個方形，如果能做到，就開始在這方形中畫一個圓；現在，在圓的中央畫一個點，再以這個點為起點，朝自己的方向畫出一條約 10 吋長的線，現在你看到一支插在方形基座上的圓柱了。你的作品原本是黑色，現在把它改成白色、再改成紅色、再改成黃色。

　　如果能做到這些，就表示你進展得非常順利，很快的，你就能獲得能專注於心中任何問題的能力。

（看題目時請遮住解答。請先完成本測驗再開始新一週的進度。）

Q1 財富是什麼的產物？

Ans. 一切的財富都是「力量」之下的產物。

Q2 擁有的東西在什麼狀況下才具有價值？

Ans. 唯有在所持有之物能產生力量時，才能產生價值。

Q3 瞭解世間各種法則所展現出來的因果關係可帶來什麼好處？

Ans. 讓人能大膽地去策劃並勇敢地執行各種計畫。

Q4 在無生物世界中如何產生生命？

Ans. 唯有當某種生命型態俯身進入這個死寂世界時，這些本無生命的原子才會得恩賜而獲得生命力；而如果沒有透過這種方式接觸到「生命」，那麼這些原子就會永遠處於無生物世界之中。

Q5「有限」與「無限」之間是透過什麼而彼此相連？

Ans. 透過「思想」。

Q6（承上題）為什麼？

Ans. 因為宇宙必須透過人才能成為實體。

Q7「因果律」的基礎是什麼？

Ans. 「因果律」是基於「極性（polarity）」，宇宙是「生命電池」的正極而人則是負極，思想則連接兩極而形成迴路。

Q8 為什麼一個人會無法進入協調一致的狀態？

Ans. 因為他們不瞭解法則，因而導致無法產生極性，這時就無法形成迴路。

Q9（承上題）解決之道是什麼？

Ans. 具備對「吸引力定律」的認知與瞭解、為了某個明確的目的而希望此定律開始運行的意圖、以及要實現目的的決心。

Q10（承上題）這麼做會帶來什麼結果？

Ans. 思想將與其標的產生關連，並使其成真。這是因為思想來自屬靈之人，而靈性乃是宇宙的創造原理。

相信，就會實現

Charles Haanel 給你的信

　　你的生命是由宇宙法則所掌管—真實且永恆不變的法則。宇宙法則隨時、隨地都在運行著，人類的一切行為背後都有法則的存在。也就是因為如此，那些需要管理龐大事業體的企業家們，才有辦法精準地判斷在某個特定狀況下，每十萬人中會有多少百分比的人做出某種特定回應。

　　然而要切記一件事：雖然每個「果」都是某個「因」所造成，但之後這個「果」也會變成「因」而再造就另一個「果」，之後這個「果」又會再造就出另一個「果」。因此，當你要開始運用「吸引力定律

」時，請務必記得，你將由此刻開始啟動一連串具有無限可能的因果效應，而這因果效應可能往好的方向、也可能往壞的方向發展。

我們常聽到有人這麼說：「我生命中確實發生了一些讓我煩惱的事情沒錯，可是那都不可能是我的思想造成的，因為我從來沒有想過任何可能造就出這種結果的東西。」之所以會這麼說，是因為他不瞭解心靈世界有「同類相吸」的特性，而他所抱怨的事情之所以會發生，乃是因為自己的思想把與其思想具有同質性的朋友吸引過來，而這些朋友又帶來了讓他所抱怨的事情得以發生的各種外在環境與狀況。

「歸納推理（Inductive reasoning）」是客觀心的能力之一，在進行歸納推理時，我們會將多種不同狀況互相比較，直到找出彼此之間的共通因子為止。

「歸納」就是比較各種事實的過程，人類就是透過這種方式研究自然界，因而發現了許多自然法則，而這些自然法則更使得人類的發展進入一個新紀元。

「歸納」這個方法在「迷信」與「智慧」之間劃上一道分水嶺；人類透過這個方法消弭了人生中的不確定性與無常，並且以理性、確定性和法則取而代之。

這也就是在先前課程內容中提到的「守門人」。

在瞭解這個原理之後，人類原本習以為常的世界起了革命性的變化——當人們發現太陽其實是靜止不動，而原本認為是扁平狀的地球其實是繞著太陽轉動的球體、當人們發現從惰性物質中可以再分解出放射性元素、當人們發現不論我們使用望遠鏡還是顯微鏡，鏡頭所指之處盡是宇宙的力量、活動與生命力——這一切都迫使我們繼續追問這個問題：「宇宙究竟是透過何種方式，才能維持如此精巧的結構與秩序？」。

磁力具有「同性相斥，異性相吸」的特性，這種特性會使相同的磁極互相排斥而無法彼此接近。這個原理似乎也能為宇宙間各星體、各種力量、乃至於人類所在的位置與彼此之間的距離提供一個合理的解釋。具有不同美德的人們會彼此合作，就像磁力「異性相吸」的特性一樣；而化學上不同性質的化學元素（如氣體與酸）能互相結合、經濟上供給與

需求之間的交換，也都是基於同樣的原理。

當人的雙眼找到並看見指定色彩的互補色時，會感到滿足；而一個人的需要、欲求與渴望會誘使、引導或決定一個人的行為，廣義來說，這兩者背後的道理是相通的。

能瞭解宇宙間的各種原理並依循原理而行動，是人類獨享的特權。當居葉維（Cuvier）[註1] 觀察一顆屬於某種已絕種生物的牙齒時，他認為這顆牙會想要一個能發揮其功能的身體，讓牙齒來定義出它所需要的身體結構，這種方式讓居葉維得以精準地重建出絕種生物的骨架。

天文學中的「攝動現象（Perturbations）」[註2] 在觀測天王星運行時發現的現象。而之後勒威耶[註3] 依據這個現象進行推算，發現太陽系中需要有另一個星球存在才能維持運行，而其後就真的在他計算出的時間與位置觀測到海王星。

不管是動物本能上的欲求或是居葉維在知識上的渴望，不管是自然界的需求或是勒威耶心中的期盼，其本質都是類似的；而至此我們可導出一個結論：當「某物存在」的思想出現時，該物就會存在。透過這個結論，我們可以進一步推斷：在自然界這個複雜精細的運作系統背後，必定存在著經過精雕細琢而又符合法則的意念與期望。

註1．居葉維（George Cuvier,1769-1832）法國動物學家，曾把現生動物與化石遺骸進行構造上的系統比較，從而創建了比較解剖學和古生物學，被稱為被稱為是「古脊椎動物學之父」。

註2．天文學專有名詞，用於描述一個天體的軌道因為與其他天體的重力場產生交互作用而改變或偏離。

註3．勒威耶 Urbain Le Verrier（1811~1877）法國天文學家，最重要的貢獻是 1846 年 8 月 31 日以數學方法推算出海王星的軌道並預告它的位置。

當我們正確地記錄得自於自然界的各種答案、藉由不斷進步的科學發現而擴展我們對自然界的感知能力、並懂得善用那些「能移動地球的槓桿」時，我們意識到自己與外在世界之間，存在著一種親密、多樣而深入的聯繫關係；我們也瞭解到，自己的各種渴望與目標能否實現，都與自然界這龐大體系的運行息息相關，就如同人民的生命、自由與快樂與其政府的運作息息相關一般。

　　人民的利益會受到國家保護，而國家在保護人民利益的同時也增添了自身的利益，而其需求可能需要獲得某種程度的供給，才會感到穩定；我們都生活在「自然共和國」之中，我們在意識層面上擁有這個國度的公民權，而藉由我們的公民權，我們可以與更高層的力量結盟、或訴諸各種基本法則，使自己不受機械、化學等自然界其他存在的侵擾，也可分派人類與外在世界各自負責的工作，以求達到造物主的最大利益。

　　如果柏拉圖（Plato）也能在攝影師協助下，親眼見證太陽運行的軌跡，以及人類藉助歸納法而完成的其他無數成就，那麼他可能就會回想起其導師所傳授的知識催生法（Intellectual Midwifery）[註4]，而且在他心中可能會浮現出一片樂土——在這塊樂土中，所有人工的、機械式的勞務與重複性的工作都由大自然的力量來完成，在這塊樂土中，人類懂得如何以意志啟動心靈力量，來滿足其任何需求；在這塊樂土

註4. 柏拉圖的老師是蘇格拉底。蘇格拉底認為知識原本就存在於人的心靈內，只不過人因受其他錯誤的觀念所蔽，而沒有發現罷了，因此他會透過詰問的方式來發掘出出真理，後人則稱其方法為「知識催生法（Intellectual Midwifery）」。

中，只要有需求存在就會有足夠的供給。

不管這樣的樂土看似有多麼遙遠，在歸納法的協助之下，人類已瞭解朝這個方向邁進是必要之務，而那些曾為此目標投注心力的人們也已經得到許多利益作為其過往付出的獎勵，並激勵他們為了達到這個目標繼續努力。

如果能使心靈進入最純淨的運作模式，則我們的其他能力也將獲得集中與強化，並能為個人或群體所遇的問題找出最正確的解決方案。

✑ 相信自己所求的都已經實現

探討至此，我們可以整理出一個方法，其精神就是：「不論想實現什麼，都要先相信所追求的一切都已經實現」。柏拉圖留下了這個方法，然而已經離世的他，已無法眼見其理想成為真實。

斯威登堡（Swedenborg）[註5]也在其「符應主義（Doctrine of Correspondences）」中詳細說明了這個觀念；而另一位更偉大的導師也曾說道：「凡你們禱告祈求的，無論是什麼，只要信是得著的，就必得著。」（馬可福音 11:24）這段話中各個段落所使用的時態[註6]相當值得注意。

我們必須先相信自己所求的都已經實現，如此所求的才會隨後成真；而「將我們所渴求的事物以『已經實現的事實』

註5．斯威登堡（Emanuel Swedenborg），瑞典科學家、神祕主義者、哲學家和神學家。德國哲學家康德曾著書讚佩他為「西歐歷史上最偉大、最不可思議的人物」。

註6．這段《聖經》經文的原文中均使用現在式。

的型態銘刻至宇宙意識之上」，也正是要運用「思想」的創造力量時的重要心法之一。

如果能做到這一點，我們就能站在絕對的角度，跳脫表象而去思索事實真相，並能消弭心中一切關於條件限制的顧慮；而此時我們也將播下種子，接下來只要不去干擾這種子，它就必定會萌芽並在有形世界中開花結果。

複習一下：歸納推理是主觀心的能力之一，主觀心是透過這種方式將多個不同狀況互相比較，以求得其共通因子。在每個文明國家中，都有許多人透過某種方式獲致其不凡成就，而由於通常連他們都不明白箇中道理，因此這方式往往被蒙上了一層神秘面紗。而上天之所以賦予人類理性，也就是為了讓我們能找出隱藏在所見果效背後的各種法則。

世上有一群幸運兒存在著，他們擁有他人必須辛苦付出後才能得到的一切、他們從不會受到良心譴責，因為他們總能正確行事、他們充滿機巧，能快速地學會任何事物、他們總能以巧妙的方式完成所發動的計畫、他們永遠都與其真正自我處在協調一致的狀態之中、他們得到的總是多於所付出的，而他們也並非經過困難挫折而得到擁有的一切——這些人的存在，就是前述心法的最佳例證。

這心法所能產生的果實，是諸神贈與人類的一份大禮；然而，卻少有人能察覺、明瞭與理解這份禮物。所以，開始去瞭解心靈在適當狀態下所具有的神奇力量，並認知到「人可以指揮與運用此力量來處理一切問題」這個事實，對人類而言重要性超乎一切。

不管是用現代的科學詞彙，或是用使徒時代的語言來描述，真理都不會因此而有任何改變。許多人不敢接受這個事實：要完整地描述真理，會需要使用多種不同的陳述方式。真理的完整面相，絕非是只靠一條公式就足以表達清楚的。

　　對許多人而言，只要聽到與他們原本認知的「真理」不同的新說法、新的切入點、新詞彙或新的解釋方式，他們就會認為這是「偏離真理」。然而事實上並非如此，這其實只表示人類依照其需求，而對真理產生了新的理解與體會而已，同時也代表著真理越來越廣為人知。

　　要將真理傳遞給每個不同時代、告訴每個不同的人時，都會需要使用不同的詞彙。如果深入分析那位偉大導師所說的：「只要信是得著的，就必得著。」、使徒保羅所說的：「信就是所望之事的實底、是未見之事的確據[註7]」、以及現代科學所說的：「吸引力定律就是思想藉以與其標的產生相互關聯的宇宙法則」，就會發現這些詞句所傳遞的是相同的真理，唯一的差別只在於表達方式而已。

　　我們正處在一個新時代的開端。人們瞭解關於如何掌握萬事萬物的祕密，並邁向有史以來最美好的新秩序的時機已經到來。現代科學與神學之間發生的種種衝突、針對不同宗教的比較研究、各種新社會運動所產生的龐大力量等，一切的一切都只是在為了這新秩序做準備而已。也許過程中摧毀了一些過時、已失去價值的傳統形式，但是並沒有失去任何一件有價值的事物。

註 7.《聖經》希伯來書 11:1。

一個新的信仰已經誕生，這個信仰需要新的表達方式，而當每個人透過當下的靈性活動，獲致對其力量的深入覺知時，這信仰也將隨之化為實體。

那沈睡於礦物之中、吐納於植物之中、活動於動物之中、而藉由人類達到其最高發展境界的靈魂就是「天地之心」。我們必須跨越「存在」與「行為」、「理論」與「實務」之間的鴻溝，而方法就是去瞭解並實際展現我們天賦而具備的掌控權。

「思想的力量」是有史以來最偉大的發現，雖然將這項重要發現普及至一般大眾的腳步有些遲緩，但這一刻還是來臨了，現在不管任何一個研究領域中，都不斷地出現這項偉大發現的實證。

你會問:「思想的創造力量何在？」思想的創造力量就在於新構想的產出，而這些構想則會透過調撥、發明、觀察、辨別、探索、分析、規範、管理、結合以及應用各種物質與力量的方式使其自身具體化。就是因為思想是一種具有智慧的創造力量，所以才能做到這一點。

當人深入探索其思想本身不可測的深度時、當人的思想能突破「自我」的狹隘界限，並藉由真理而進入永恆之光的範疇（在這裡，現在、過去、未來所存在的一切都交融成一種太和（Grand Harmony）狀態），這時思想的力量就會達到最高的境界。

如果一個人能如此沈思冥想，就能獲得「靈感」這種具有創造能力的智慧，這智慧的力量將能超越自然界的任何元

素、力量與法則－這是因為它能夠瞭解、管理並運用各種元素、力量與法則來實現其目標與目的，也因此能完全掌握這一切。

理性為智慧之母，而所謂「理性」，不過就是去理解各種知識與原理，而使我們能明白隱藏在事物表象背後的真相而已。所以，當理性受到啟發後就會生出智慧，而這種智慧將帶來謙卑，因為謙卑乃是智慧的重要成分。

在我們周遭就有很多人達成看似不可能達成的成就、實現一生渴望的夢想、成功地改變周遭的一切（包括他自己）——他們的成就就是這股無可抗拒，而且有求必應的宇宙力量的實證。過去我們因為不瞭解而常把這些實證視為奇蹟，不過現在一切都明朗了；我們已經瞭解到，要運用這股力量，所需要的只是對某些絕對的基本原理與其正確應用方式有所瞭解而已。

❧ 本週練習內容

　　本週進行練習時，請將心思專注於《聖經》中的這段話：「凡你們禱告祈求的，無論是什麼，只要信是得著的，就必得著。」請特別注意在這段話中沒有任何設限，「無論是什麼」這幾個字明確地指出：唯一的限制，只在於我們是否有能力掌握思想、把握機會、應對緊急狀況、以及是否能記得「信」不是幻影而是實體－「信就是所望之事的實底，是未見之事的確據」。

（看題目時請遮住解答。請先完成本測驗再開始新一週的進度。）

Q1「歸納推理」是什麼？

Ans.「歸納推理（Inductive reasoning）」是客觀心的能力之一，在進行歸納推理時，我們會將多種不同狀況互相比較，直到找出彼此之間的共通因子為止。

Q2 這種研究方式的出現，帶來了何種結果？

Ans. 人類因為透過這種方式研究自然界，而發現了許多自然法則，而這些自然法則更使得人類的發展進入一個新紀元。

Q3 一個人的行為是受到哪些東西的誘使或引導？

Ans. 一個人的需要、欲求與渴望會誘使、引導或決定一個人的行為。

Q4 能為任何問題找出最適當的解決方案的公式是什麼？

Ans. 先相信自己所求的都已經實現，如此所求的才會隨後成真。

Q5 有哪些偉大導師們都主張這個方法？

Ans. 耶穌、柏拉圖、斯威登堡都主張這樣的方法。

Q6 這樣的思想程序能帶來何種結果？

Ans. 讓我們能站在絕對的角度，跳脫表象而去思索事實真相，並能消弭心中一切關於條件限制的顧慮；而此時我們也將播下種子，只要不去干擾它，這種子就必定會萌芽並在有形世界中開花結果。

Q7 為什麼說這個思想程序非常精準，不會有絲毫偏差？

Ans. 因為它也是自然律之一。

Q8「信（Faith）」是什麼？

Ans. 信就是所望之事的實底、是未見之事的確據。

Q9「吸引力定律」有什麼作用？

Ans. 讓所「信」之事化為有形實體。

Q10 瞭解「吸引力定律」對一個人來說有什麼重要性？

Ans. 可以消弭人生中的不確定性與無常，並且以理性、確定性和法則取而代之。

吸引力定律

Charles Haanel 給你的信

隨此函附上第十二週的課文。

在課文第四段中有這麼一段文字:「首先,你必須要瞭解自己具備的力量,其次必須要有『敢要』的勇氣,第三則是要帶著堅定信心採取行動。」如果你能將心思專注於這段文字、如果你能全神貫注在文字中所要呈現的思想之上,那麼你將能領悟每個詞句中隱含的深意,並且開始吸引其他頻率一致的思想;而這時,你也將能加速掌握這些重要知識的真正意涵。

「知識」本身無法應用其自身,身為人類的我們

159

必須要負起應用知識的責任。而想要善用知識，其中一個重要條件就是要有一個明確的目的，如此才能為思想加添養分。

　　很多人像無頭蒼蠅一般浪費其時間與思想，其實如果他們能有個特定的目標，然後將這些浪費掉的時間與思想引導至這個目標上，他們就可以創造出奇蹟。如果要做到這個境界，就必須把自己的心靈力量集中並專注在某個特定的思想上，達到心無旁騖的程度。當你從相機的觀景窗望出去時，會發現如果目標物不在焦點之上，這時看到的物體就會顯得模糊不清；但如果將相機調整到適當的焦距時，目標物就會變得清晰。

　　這就是「專注」的力量。如果無法集中注意力，那麼你將只能看到朦朧、模糊、難以辨別的輪廓，無法在心中看清自己所希望成就的景象；而這也將直接影響你在有形世界中所能獲致的成果。

Charles Haanel

✍ 心中的理想必須要清晰、明確

只要能對「思想」的創造力量有系統化的瞭解，就能實現人生中的任何目標。

世界上每一個人都具備思考的能力。人之所以為人，就是因為他能夠思考；而由於人類的思想沒有任何界限，這也就表示人類擁有無限的創造力量。

我們已經知道「思想」會為我們建構出所想的事物，並且將這些事物帶入生命之中；然而另一方面，我們也發現完全消除恐懼、焦慮或沮喪相當困難。這些思想都會使我們想要的東西遠離，而且它們的力量都非常強大，也因此，往往使得我們如同每前進一步就倒退兩步一般。

如果不想往後倒退，唯一的方法就是持續向前進。保持警覺是要獲得成功所需付出的代價。這當中包含三個步驟，其中任何一個步驟都非常重要：首先，你必須要瞭解自己具備的力量，其次必須要有『敢要』的勇氣，第三則是要帶著堅定信心採取行動。

以這三個步驟為基礎，就可以創建出理想的事業、理想的家園、理想的友誼、理想的環境。你將不會受到材料或成本的限制，這是因為「思想」無所不能，而且思想可以從用之不竭的宇宙基本元素儲藏庫中，提取它所需要的一切資源；由此可知，其實你有取之不盡的無限資源可以運用。

但是，前提是你心中的理想必須要清晰、明確。如果你今天想著某個理想，明天改成另一個，後天又換成下一個，

那麼你的力量就會分散，最後必將一事無成，你所得到的成果將如同一堆廢棄材料胡亂組合而成的產物一般。

然而不幸的是，大多數人目前得到的成果卻都是如此。而之所以會造成這種狀況，其原因顯而易見：假設有一位雕刻家拿著工具準備雕刻一塊大理石，如果他接下來每 15 分鐘就改變心意一次，那麼所雕刻出來的會是怎樣的作品？若是如此，那麼當你用同樣的方式來塑造宇宙間一切物質中，最偉大、最具可塑性且唯一真實的這原始物質時，又怎能期望得到不同的結果？

一個人會失去物質上的財富，往往都是這種優柔寡斷的習慣與負面的思想所造成。有很多人在多年的辛苦奮鬥之後，原以為可以藉著所積累的財富得到完全的自主，然而卻在一夕之間失去了所有的財富。我們可以透過這類例證得知，金錢與產業其實根本無法帶來獨立自主；事實上，唯有具備如何應用「思想」的創造力量的相關知識時，一個人才能得到真正的獨立自主。

但是，如果沒有先認知到自己唯一能掌握的真正力量，就是調整自己，使自己依循宇宙間各種神聖且永恆不變的法則的這個力量，那麼你就永遠無法學會如何應用思想的強大創造力量。人無法改變無窮宇宙，不過人可以學著去瞭解各種自然律。而當一個人瞭解了自然律之後，就會產生一種認知，會知道自己有能力調整各種思想機能，使其與那無所不在的「宇宙思維」協調一致。一個人能與這無所不能的力量合作到何種程度，決定了他所能得到的成功。

思想的力量有不少冒牌貨，有時這些冒牌貨看起來會很引人入勝，然而它們最後往往只會帶來傷害。

擔心、恐懼等任何負面思想都只能創造出同性質的產物，因此，如果有人主動去接收這類的思想，那麼最後當然也只能收割到他們先前所種下的。

世上有不少喜好研究所謂「靈異現象」的人，他們想透過降神會或通靈的方式來找尋所謂的證據與實例。他們讓自己的心靈之門大開，並讓自己沈浸在心靈世界裡最具傷害性的能量流之中；他們似乎並不瞭解，在進行那些儀式時，他們必須要讓自己進入負面、被動、接收的狀態之中，而為了呈現那些思想形體，他們的力量將被吸取殆盡。

也有些印度教徒認為力量之源就在一些所謂的「大師」所表演的顯靈現象之中；他們似乎忘了、或是從來就未曾明白，在那些現象中，只要一將意念抽離，其形體就會消逝，而他們所造就的振動力量也會跟著消失無蹤。

近來「心電感應」或「傳心術」之流受到廣大的注目，然而，由於這些方法都必須在接收者進入一種負面的心靈狀態時才能進行，因此事實上都會對人造成傷害。人確實可以帶著想要聽到或看到他人思想的意圖，而將其思想傳送出去；然而，他最終也必定要承擔逆法則而行所需承擔的苦果。

在許多狀況下，催眠術對於操作者與被催眠者而言，都同樣有危險性。只要是熟知心靈世界中各種法則的人，都絕對不會試圖以任何方式掌控他人的意志，這是因為如果這麼做，將會使得對方逐漸放棄其自身的力量。

對某些人來說，上述這些對思想力量的曲解與濫用能為他們帶來短暫的滿足，甚至使他們深深著迷；然而，如果一個人能真正瞭解其內在力量時，他將會發現一個更迷人的世界。這是因為那力量是一種越是去運用就越見強大的力量，是一種恆久不滅、永不消逝的力量，是一種不但可以為我們過去所犯的錯誤、或是過去錯誤思想所導致的結果帶來解方，更可以保護我們在未來不受任何危害的力量，也是能讓我們創造新的經驗與環境的一種真正的創造力量。

　　關於「思想」的宇宙律內容是：人的「思想」會與其目標物彼此連結而互相牽引，也會使他所想、或他在心靈世界中所造事物的對等物顯現在有形世界之中。而我們也可以從中領悟到：人必須知道在他的每個思想中，都埋藏著真理的種子，透過這樣的認知，才能讓「成長的法則」將這些種子化為各種良善之物；這是因為「善」本身就俱足一切恆久不滅的力量。

　　思想之所以具有這種力量，能與所想的目標彼此連結而互相牽引，並因此能讓人不再受任何負面人生經驗的綑綁，都是因為「吸引力定律」這個法則的關係；而「吸引力定律」就是「愛」的另一個名稱。「吸引力定律」是一條永恆不變的基本法則，且不論在宇宙萬物之中、在任何哲學、宗教、科學裡都必定會發現其存在。宇宙間的一切都脫離不了愛的法則。「感覺」能為思想注入生命力；感覺就是欲望，而欲望就是「愛」；當任何思想被注滿「愛」時，這思想將變得所向無敵。

我們發現，只要是瞭解思想力量的人，都必定會特別強調這一項真理的存在。「天地之心」不只是具有智慧，同時也是構成宇宙萬物的基本元素，而這個基本元素會依循「吸引力定律」，透過一種牽引力量使電子聚集而形成原子，原子再因相同的定律而聚集形成分子；分子再聚集而形成外在世界的各種有形實體－到這裡我們可以發現，

「愛的法則」就是萬物背後的創造力量，祂不只創造原子而已，連世界、宇宙或任何能想到的事物都可以創造出來。

也就是因為這條偉大的「吸引力定律」的關係，才使得古往今來的人們認為宇宙間必定存在著某種具有人性的存在體，而祂會對人們的請求與渴望做出回應，透過安排各種事件的發生而滿足他們的請求。

「思想」與「愛」結合之後，會形成一種無可抗拒的力量，這力量就稱為「吸引力定律」。所有的自然律都是無可抗拒的，不管是重力、電或任何其他定律，都是以非常精準的方式在運作著；自然律運行時不會有任何偏差，只有傳遞其力量的管道才可能有不完備之處。舉例來說：假設有座橋樑坍塌，我們並不會認為這是因為「萬有引力定律」有任何變動而造成；當我們看到一盞燈不亮時，我們不會因此去懷疑關於電的各種定律；同理，當我們看到「吸引力定律」因為某個人經驗或見聞不足而無法完全展現其能力時，也不該就因此而認為這條最偉大、最可靠、且一切創造都根基於其上的宇宙律已經失效，而是應認知自己需要更深入去瞭解這條定律，這就好像當我們在解困難的數學問題時，有時會無法快

速又容易地得到正確解答，而會需要再更深入瞭解各種數學定律方能解題一般。

一切事物都是先在心智或靈性世界中創造出來，然後才會透過行動或事件而呈現在外在世界中。當我們開始透過一些簡單的程序來控制自己的思想力量時，就是在協助創造未來（甚至是明天）將發生在生命之中的事件。經過正確教育之後所產生的欲望，就是要讓「吸引力定律」開始作用的最佳方法。

人類思想的運作方式，是要先創造出所需的工具，然後才能獲得思考某些事物的能力。當一個人接收到新觀念時，如果他腦中目前並沒有振動頻率與這個新觀念相同的細胞，那麼他就無法理解與接受這個新觀念。這也就可以解釋為何要讓我們接受或欣賞全新的觀念是如此困難－就是因為我們腦中還沒有可接收此觀念的細胞，因此我們才會懷疑、我們才會不相信。

所以，如果你過去不知道「吸引力定律」無所不能的力量、不瞭解如何實際操作這個定律、也不清楚這個定律能為懂得如何運用其無限資源的人帶來怎樣的可能性，那麼就從現在開始吧！開始去建立所需要的腦細胞，讓你能瞭解在學會如何與宇宙律合作之後，所能運用的各種無限力量。

人的意向決定其注意力之所在。心靈靜止於一處時才能產生力量；不論是深入的思想、智慧的演說或其他各種具有極高潛能的力量，都是透過「專注」才得以產生。

世間各種力量都是由潛意識心靈的那無所不能之力所轉

化而成，而唯有在「靜」的狀態時，你才能觸及這股力量。

　　任何智慧、力量或長久的成功都只能透過內在世界得到，而這一切的得到都是一種逐步揭露與呈現的過程。有些人會不加思索就說要進入「靜」的狀態非常容易做到，然而請務必記得：人唯有在進入絕對的「靜」的狀態時，才能接觸到「神性之源」；也唯有在此時才能學到各種永恆不變的宇宙法則，並開啟各種與這「神性之源」溝通的管道，並透過不斷練習與專注而達到最完美的境界。

❧ 本週練習內容

　　在本週練習內容時，請前往同一個房間、以同樣的姿勢坐在同一張椅子上，然後放鬆——心理層面與生理層面都完全放下。在每次練習時都要先放鬆，千萬不要試圖在壓力之下進行任何心智層面的活動——要感覺到全身沒有任何一條緊繃的神經或肌肉、感覺到自己處在完全舒適的狀態；在身心都放鬆之後，請開始去意識你與那全能力量的一體性，讓自己與這股力量互相連結；深入地意識並瞭解到自己擁有的「思想」這個能力，就是能使「天地之心」在有形世界中化為實體的能力。要知道「天地之心」能達到任何要求、符合任何條件，也要瞭解事實上你也同樣具備任何人曾有或將有的潛力，這是因為每個人都是「一」的某種呈現或彰顯方式，所以每個人都是整體的一部份，因此其種類或性質並沒有任何差異，唯一的差別只在於程度而已。

❧ 測一測你的理解力

（看題目時請遮住解答。請先完成本測驗再開始新一週的進度。）

Q1 如何才能實現人生中的各種目標？

Ans. 只要能對「思想」的創造力量有系統化的瞭解，就能實現人生中的任何目標。

Q2 這當中的三項重要步驟分別是……？

Ans. 首先，你必須要瞭解自己具備的力量，其次必須要有「敢要」的勇氣，第三則是要帶著堅定信心採取行動。

Q3 這類的實務智慧是從何而來？

Ans. 經由對各種自然律的深入瞭解而來。

Q4 瞭解各種自然律能帶來什麼好處？

Ans. 他會產生一種認知，會知道自己有能力調整各種思想機能，使其與那無所不在的「宇宙思維」協調一致。

Q5 我們所能獲得的成功程度取決於哪個要素？

Ans. 一個人能與這無所不能的力量合作到何種程度，決定了他所能得到的成功。

Q6 使思想具備其力量的是哪個原理？

Ans. 「吸引力定律」，吸引力定律的根基於萬物的振動頻率之上，而萬物振動是根基於「愛的法則」。當任何思想被注滿「愛」時，這思想將變得所向無敵。

Q7 為何說這個定律無可抗拒？

Ans. 因為它也是自然律之一。所有的自然律都是無可抗拒的，且都是以非常精準的方式在運作著；自然律運行時不會有任何偏差。

Q8 為何有時我們會很難尋得生命中各種問題的解決之道？

Ans. 這就好像當我們在解困難的數學問題時，有時會無法快速又容易地得到正確解答一般，只要我們再更深入瞭解各種數學定律，就能順利解題。

Q9 為何有時我們會無法接受一個全新的觀念？

Ans. 因為我們大腦中還沒有振動頻率與之相應的細胞存在。

Q10 人要如何才能獲得智慧？

Ans. 透過「專注」，智慧來自於內在，而智慧的獲取是一種揭露的過程。

夢想如何化為真實

Charles Haanel 給你的信

　　我們得以生活於這個充滿發明創造的偉大時代，都要歸功於物理科學的發展；然而靈性科學也在這個時代準備揚帆啟航，沒有人能夠預測它未來將有多大的可能性。

　　在過去，靈性科學大多被貼上神秘或迷信的標籤，或被認為是沒受過教育者才會去玩的遊戲，不過，人們現在已開始會對各種明確的方法和經過驗證的事實感興趣。

　　我們開始認識到，思想其實是一種靈性層次的程序；我們也瞭解到，在任何行動與事件要發生之前

Charles Haanel

，都必須先有「願景」和「想像」的存在；我們知道，夢想家們的時代已經來臨了。

郝伯特・考夫曼（Herbert Kaufman）在以下這段話中，以很有趣的方式陳述了這個關係：

「他們是偉大的建築師，他們的願景潛藏在其靈魂之中，他們看透懷疑的紗幕與薄霧，並穿越未來時空牆垣。上了履帶的車輪、鋼材的軌跡、旋緊的螺絲，都是他們用來織出魔法飛毯的織具。他們是偉大王國的開拓者，他們為了比皇冠更珍貴，比王座更崇高的事物而奮戰。你現在的住處，是建築在某位夢想家所探索而發現的土地之上；掛在你家中的圖畫，也是來自某位夢想家靈魂之中的畫面。他們是被選擇的少數，他們是引路者；牆垣會崩塌，王國會傾倒，大海湧起的波瀾可撕裂堡壘上的堅硬岩石，腐朽的王國會由時光的枝幹上枯萎落下，而惟有夢想家締造的一切能存留下來。」

在第十三週的課文中，將告訴你夢想家們的夢想是如何成真。課文中將說明一條讓夢想家、發明家、作家、金融家們得以實現夢想的因果律，並將詳細解說能使我們在心靈中描繪的圖像化為實體的法則。

現代的科學傾向、或者說需要，透過對那些較少見而形成所謂例外狀況的各種現象進行「概括化[註1]」，透過這種方式尋求各種日常事件的解釋。比如透過「火山爆發」這種現象，我們能延伸而探知地球內部有熱能活動存在著，且現今地表的形貌正是因這種熱能活動而造成。

　　同樣的，「閃電」這個現象揭露了一種不斷在改變無機世界的微妙能量；另外，就如同某種已經絕跡的古老語言，也許曾一度風行於某個國家一般，不論是在西伯利亞發現的一顆巨齒、還是在地球深處發現的一塊化石，都不僅記錄了過往歲月的推進，同時也在向我們陳述著我們所居住的山陵河谷的起源。

　　這種對各種罕見的、奇特的、例外的現象進行概括化的方式，長久以來像指南針一般，引導著歸納科學的各種發現。

　　這方法是建構在推理和經驗的基礎之上，因此可以破除迷信、先例與常規。

　　自培根[註2]建議採用這種研究方法至今，已經經過了數百年的光陰，而各個文明國家之所以能擁有豐富的財富與知識，也大多要歸功於此。這種方法比起運用最尖銳的嘲諷，更能有效地去除人們頭腦中的狹隘偏見與既定觀念；這種方法透過各種驚人的實驗，比起用力批評人們無知的方式，更能成

註1.概括化（Generalization）：透過對一些特殊事物的考察而得出普遍的或一般的概念。

註2.弗蘭西斯・培根（Francis Bacon，1561 － 1626），英國散文作家、哲學家、政治家，是古典經驗論的始祖。「知識就是力量」一語就是出自於培根。

功地把人們的目光由天堂轉移至地上；這種方法將各種可能有用的新發現公諸於世，而非只是空談著要揭露心靈世界的各種法則，卻反而能更有效地培養出發明創造的能力。

　　培根提出的方法完全抓住了古希臘偉大哲學家們的精神與目標，並藉由新的時代所提供的新觀察方式，使這種方法大放異彩。這種研究方式使得天文學下的無垠太空、生物胚胎學中的微小卵細胞、乃至於地理學中久遠模糊的年代，都逐步開展出一個奇妙的知識領域；這種研究方式能揭露脈動的規律，而這是亞里斯多德的邏輯學永遠也無法揭開的神秘面紗；這種研究方式能將各種化合物分解為我們從前一無所知的元素，而這是任何學院派的辯證思維都做不到的。

　　人的壽命因而延長、痛楚因而減輕、疾病因而消滅、田產因而增加、海上航行因而更加安全。也就是透過這種研究方式，讓先人們想像不到的大橋跨越河川、讓雷電由空中降臨至地上、並以白晝一般的光明照亮黑夜。這種研究方式拓展了人類的視野、使人的肌肉力量得以倍數成長；它使運動速度加快，它消除了距離，它使得商業的交流通信更加便利，它也讓人們得以潛入深海之中、飛至青天之上、安全地鑽進地球的各個危險處所。

　　這也就是歸納法的真正本質與範疇。然而，人類科學的成就越是卓越，我們越是應該透過科學的教導與各種例證而強化一個觀念：在要得出某種普遍法則存在的結論之前，我們必須善用手邊的一切方法和資源，仔細、耐心而正確地觀察個別的現象。

為了探知電動機械上為何常有火花出現，我們可能需要大膽地效法富蘭克林透過風箏，向空中的烏雲詢問閃電本質的那種精神；為了確定伽利略所提出的天體運行方式的精確度，我們會需要學習牛頓敢於向月球詢問是何種力量將其繫於地球之上的那種勇氣。

　　簡言之，基於我們對「真理」的價值認定，以及對於獲得穩定而普遍的進步的期盼，我們不能允許自己因一些專橫的偏見，而去忽視或毀壞一些不受歡迎的事實；我們應該把科學的架構豎立在寬闊而穩定的基礎之上，不僅要關注那些舉目可見的現象，也要去注意那些罕為人知的事實。

　　我們可以透過觀察的方式而不斷收集到各種資料，但是，要解釋自然界的運作方式時，這些累積而成的大量事實各自會有不同的意義與價值。就如同我們會最看重人的各種特質中，較為罕見的那些項目一般；同樣的，自然哲學也會對一切事實進行篩選，並且為那些無法透過日常一般性的觀察來解釋的驚人現象，套上較高的重要性。

　　當我們發現某些人似乎擁有異於常人的能力時，我們會對這個現象做出什麼結論呢？首先，我們可能會說：「那不是真的」。會這樣說的人事實上是在承認自己的無知，這是因為任何一個誠實的探索者都會承認，世界上一直都有許多先前沒法解釋、稀奇古怪的現象不斷在發生。然而，當一個人熟知思想的創造力量之後，就決不會認為這些現象是永遠無法解釋的。

　　其次，我們可能會做出這些現象屬於超自然現象的結論；

然而，如果我們能以科學化的方式去理解各種自然法則，就會明白世界上沒有什麼超自然現象，一切現象的發生都有其原因，而這原因必定是某種固定的法則或原理。而且，不管人是在有意識或無意識的狀況啟動了這些法則，其運作時都仍會保持精密準確且不會有絲毫偏差。

第三，我們可能會認為，自己進入了所謂的「禁區」，我們以為也許有些東西是我們不應該知道的。每當人類的知識有所前進時，就會有人拿出這種說法來反對。從古至今每一位提出新理念的人，如哥倫布、達爾文、伽利略、富爾頓、愛默生等，幾乎都經歷過這樣的冷嘲熱諷或是殘酷迫害。因此，像這種反對意見根本不值一提，相反地，我們應該仔細去評估任何一件引起我們注意的事實，如此，我們才更能從中探知隱藏在那事實之下的各種法則。

我們會發現，思想的創造力量能夠解釋各式各樣的經歷或際遇——不論是生理層面、心理層面還是靈性層面。

思想會帶來與人的主導心態相符的各種際遇。因此，如果我們害怕發生災難，這時由於「恐懼」是一種強而有力的思想型態，因此災難的發生將成為這恐懼意念的必然結果。這一種思想也往往會使一個人多年的辛苦努力付諸流水。

而如果我們心中所想的是某些物質財富，我們也是可以得到的。只要集中意念，就能帶來所需的各種條件，再搭配上適當的努力，就能創造出能使願望實現的際遇；然而，我們也常會發現，當我們獲得自己先前想要的東西之後，卻沒有產生預期的效果——當我們得到想要的東西之後，往往只

能獲得短暫的滿足，甚至還會有與預期完全相反的感受。

要想什麼才能實現真正的夢想呢？

那麼，此一程序的正確作法又是什麼呢？我們該想些什麼，才能實現我們真正的夢想呢？不論是你是我、乃至於全人類都渴望得到、也都竭力在追求的，就是「快樂」與「和諧」。當我們進入真正快樂的境界時，就能擁有世間所有的一切；如果我們自己能進入快樂的境界，就能幫助其他人，讓他們也得到快樂。

但是，如果我們沒有健康、沒有力量、沒有知心朋友、沒有舒適的環境、沒有充足的生活供給，那麼就很難覺得快樂──我們要追求的不只是滿足日常需求，更要去追求得到我們有資格擁有的一切舒適與奢華。

傳統的思維方式是要我們像蟲子一樣──不管擁有什麼，只要滿足於自己該有的那一份就好；而這個時代要有的觀念是：要瞭解我們被賦予了天地萬物間最好的一切、要體悟「我與父原為一[註3]」、並認知「天父」就是「天地之心」、「造物主」、是萬物起源的「宇宙原始物質」。

如果我們能接受這一切理論上都很正確，而且其實在過去兩千年來，古聖先賢們都不斷這樣教導我們，同時這些理論也是一切宗教或哲學體系的精髓，那麼，我們究竟要如何才能讓這些知識在生活中發揮作用呢？要怎樣才能立竿見影地獲得實際的結果呢？

註3. 出自《聖經》約翰福音 10:30

首先，我們必須去實踐這些知識。要完成任何一件事情，除了「實踐」之外別無他法。一個運動員可以終其一生埋首於體育訓練方面的書和課程之中，然而，除非他真的開始透過實際的訓練而付出大量的體力，否則永遠也不可能獲得更強健的體魄。他必定會得到與其付出成正比的收穫，然而先決條件是他必須要願意先付出。對我們而言也是一樣——我們也必定會得到與付出成正比的收穫，而先決條件也是我們必須要願意先付出。在付出之後，我們必定會得到倍數的回報，而所謂的「付出」也不過就是一個心靈層面的程序而已。思想是「因」，外在環境是「果」，因此，只要我們能付出各種有益的思想——如勇氣、鼓舞、健康、助人等——這時就能啟動「因」，而對應的「果」也必定會出現。

思想是一種靈性活動，因此思想具有創造的力量。但是也別搞錯了，如果沒有經由有意識的、系統化的、建設性的方式來引導，那麼思想也創造不出任何事物；這也就是「空想」與「建設性的思想」之間的差異，空想只是在浪費精力，而建設性的思想則可說等同於永無止境的成功。

我們已經知道自己所經歷的一切，都是遵循「吸引力定律」而來到生命之中；然而，在一個不快樂的意識環境中，快樂的思想是無法存在的。因此，首要之務就是改變意識，而當意識發生改變時，其他的各項條件也會隨之而逐漸改變，以符合意識改變之後所產生的新狀態的需求。

在創造「心靈圖像」或理想願景時，我們同時也將思想投射到創造萬物的宇宙物質中。這種宇宙物質全知、全能、

無所不在，而若是如此，那麼還會需要由我們來告訴這「全知者」怎樣才是實現我們願望的適當方式嗎？「有限」豈能教導「無窮」呢？而這，也正是導致一切失敗的「因」——我們雖然能認知到宇宙物質「無所不在」的這個性質，卻沒能完全接受祂除了「無所不在」之外，同時也是「全知」與「全能」的這個事實，也因此，使我們常常啟動了各種我們一無所知的「因」。

🐦 本週練習內容

　　認知「天地之心」的無限力量與無窮智慧的存在，是維護我們各方面利益的最佳方式。透過這種方式，我們就可以成為一種管道，讓「無窮智慧」能透過我們，而使我們自己的各種願望化為真實；而這也就表示「認知」會帶來「實現」。因此，在這一週練習時，請試著去認知「自己是整體的一部份」這個事實，並認知「整體的一部份」必然與「整體」具有相同的性質與屬性，頂多只會在程度上有所差異而已。

　　當這項偉大的事實開始滲入你的意識，當你真正體認到你（不是你的身體，而是你的自我（Ego））──心中那個真正的「我」、那個能夠思考的靈魂──其實是一個偉大整體的其中一部份時；當你真正領悟你的真正自我在本質、類型和性質上，都與造物主完全相同時；當你真正瞭解「造物主」所創造的一切必定與祂自身相同時……這時，你將也能說出：「我與父原為一」這句話，而你也將開始真正體會那些被安置於你生命中的諸多美好、莊嚴的事物與各種美妙的機會。

ᥫᩚ 測一測你的理解力

（看題目時請遮住解答。請先完成本測驗再開始新一週的進度。）

Q1 自然哲學家們獲取與應用知識的方法是什麼？

Ans. 善用手邊的一切方法和資源，仔細、耐心而正確地觀察個別的現象，而得出某種普遍法則存在的結論。

Q2 我們如何能確定這方法的正確性呢？

Ans. 不要允許自己因一些專橫的偏見，而去忽視或毀壞一些不受歡迎的事實。

Q3 哪一類的事實會被格外重視？

Ans. 那些無法透過日常觀察來解釋的事實。

Q4 這種原則的根據是什麼？

Ans. 是推理與經驗。

Q5 這種方法可以摧毀什麼？

Ans. 可以破除迷信、先例與常規。

Q6 這些法則是如何發現的？

Ans. 對各種罕見的、奇特的、例外的現象進行概括化。

Q7 我們如何能解釋各種不斷發生且看似古怪又難以解釋的現象？

Ans. 運用思想的創造力。

Q8 為何如此？

Ans. 因為當我們學到某個事實時，我們能確知這事實背後必定有特定的「因」，而且這個因果關係必定會準確地運作。

Q9 此一知識能產生何種結果？

Ans. 將能解釋各式各樣的經歷或際遇—不論是生理層面、心理層面還是靈性層面。

Q10 要怎樣才能維護我們各方面利益？

Ans. 認知「天地之心」的無限力量與無窮智慧的存在，就是維護我們各方面利益的最佳方式。

如何運用思想的創造力量

Charles Haanel 給你的信

　　學習到現在，你已經明白「思想」是一種靈性活動，也因此被賦予了「創造」的力量。這段話的意思是「任何」思想都具有創造力，而不是只有某些特定的思想才具有創造力；而你也可以透過「拒絕去想」的方式，讓這個原理反向運作。

　　「意識」與「潛意識」其實是同一心靈的兩個不同相位。潛意識與意識之間的關係，就如同風向儀與大氣的關係一般。

　　當大氣中發生些微的壓力變化時，就會對風向儀產生影響，同樣的，表意識所接受的絲毫意念，

也都會對潛意識產生影響，而影響的程度將與隨此意念而出的感覺之深切程度以及對此意念的投入成正比。

因此，當你拒絕去想人生中那些讓你不滿意的事物時，就會把思想的創造力量由那些事物中抽離——你將斬斷那些事物的根，使其生命力日漸衰竭。

請記得：客觀世界中的一切創造都由「成長的法則」掌控著，因此，當你開始拒絕去想人生中某個讓你不滿意的事物時，狀況並不會立刻改變，就像當一棵植物的根被砍斷後，還是可以存活一段時間一樣。不過這棵植物終究會逐漸枯萎，最後消失。同樣的，當你不再將思想專注於那些你不滿意的事物時也是一樣，那狀況將逐漸但必定會完全終止。

你會發現，這種方式跟一般人習慣的方式剛好相反，也因此這種方式所帶來的結果也會跟一般人常得到的結果相反。大多數人都會把注意力集中在那些他們不滿意的狀況之上，也因此為那些狀況注入能量與生命力，反而會使它們更快速地成長。

「宇宙能量（Universal Energy）」是一切運動、光、熱、色彩的起源；它是諸多效應的成因，卻不受這些效應所受的種種限制的侷限，祂凌駕於一切效應之上。此一「宇宙物質（Universal Substance）」是一切力量、聰明與智慧之源。

想要認識這種智慧，就得要讓自己熟悉心靈的本質，進而能瞭解這「宇宙物質」，然後讓人生中各種事務都與祂保持協調一致的關係。

即便是世上學識最淵博的自然科學大師都未曾如此嘗試過——這是一個他未曾探索過的領域；而事實上，幾乎所有唯物主義學派都從未領受到這智慧之光。他們似乎從沒有意識到，智慧就像力和物質一樣，是無處不在的。

⁂ 常見的疑惑

有些人會說，如果這些原理是真的，那為什麼我們無法展現出來呢？如果這個基本原理顯然是正確的，那我們又為何無法獲得應有的成果呢？事實上，我們確實總是獲得應有的結果。我們獲得的成果，與我們對宇宙律的體悟程度、還有我們應用這些宇宙律的能力成正比。這就如同要先有人歸納出關於電的定律，並告訴我們如何能應用這些定律，之後我們才能透過實際去使用電而得到某些成果一樣。

這個觀念使我們與外在環境之間產生一種新的關係，並開啟前所未有的可能性，這是因為當我們的心靈狀態變換更新之後，就會自然地啟動一系列有序的法則。

心靈具有創造的能力，隱藏在這法則背後的，是一個不

但合理可靠，而且蘊含於萬物本質之中的原理。但是，這種創造力量並非源自於人，而是源自於宇宙——一切能量與物質的起源，人只是這能量的分流管道而已；宇宙透過人來創造種種不同的組合，因此導致了各種現象的產生。

我們知道科學家已經能把物質分解成無數的分子，這些分子又分解為原子，原子又分解為電子。當科學家在內含硬金屬熔斷器的真空玻璃管中觀測到電子時，就明確地表示電子充滿於一切空間之中；它們存在於每個地方，它們無所不在。它們充滿於人體之中，並佔據了我們稱之為虛空的區域。而這，也就是化育出萬物的那個宇宙原始物質。

電子如果沒有經由某種形式的指揮，而組成原子與分子，那電子就永遠是電子，而電子的指揮者就是「心靈」。如果有許多電子圍繞著一個力場中心旋轉，就會構成原子；如果原子以一定的數學比例結合，就會構成分子。如果分子再互相結合，就會構成各種化合物，而這些化合物再彼此結合，最後構成了整個宇宙。

目前已知重量最輕的原子是氫原子，其重量是電子的1,700 倍；而一個汞原子的重量則是電子的 30 萬倍。電子是純粹的負電荷，而由於電子與光、熱、電能、思想等其他宇宙能量，都具有相同的勢流速度（potential velocity），因此時間與空間對它而言都不是問題。

科學家探知「光速」的過程相當有趣。光速是在 1676 年，由丹麥天文學家羅默（Olaus Roemer）經由觀察木星的月食現象而測得的。當地球最接近木星時，木星月食的發生時

間比預計時間早了 8.5 分鐘，而當地球位於距木星最遠的位置時，木星發生月食的時間則比預計時間晚了 8.5 分鐘。羅默因而推論，之所以會造成這種現象，是因為從木星而來的光線需要 17 分鐘才能行經地球軌道的直徑——也就是地球距離木星的最長與最短距離相減後所得的差。羅默的推論後來經過進一步驗證，確認光的行進速度是每秒 186,000 英哩。

電子在人體內匯聚為細胞的樣貌而呈現，而這些細胞都具備著心靈與智慧，讓它們能在人體內部運行不同功能。人體的每個部位都是由細胞構成，當中有些細胞是獨立作業，而另一些則是以聚落方式運作。有些細胞忙於建立人體組織，有些則負責形成人體所需的各種分泌物。有些細胞是搬運工，負責搬運各種物質，有些是外科醫生，負責修復各種創傷，還有一些是清道夫，負責清運各種廢棄物；也有一些細胞是負責抵禦各種入侵者或其他病菌的進攻。

這些細胞的活動都是為了一個共同的目的，而每個細胞不但是具生命的有機體，同時也具有足夠的智能，使其能完成必要的職責。此外，每個細胞也都具有足夠的智能，使其能保存能量、延續生命；也因此，細胞必須取得充足的養分，而我們發現，細胞有能力選擇它需要的養分。

每個細胞都會經過產生、繁殖、死亡與被吸收的過程，而能否維持生命與健康，完全都要仰賴這些細胞的持續再生。

因此，顯然身體內的每個原子都有其心靈；這心靈是帶著負電的心靈，而人類可經由思想的力量而成為帶正電，繼而能控制這種帶負電的心靈。這就是「靈療」現象的科學解

釋，經由這樣的解說，任何人都能理解這種奇妙現象背後的原理。

這種存在於人體每個細胞之中的負極心靈被稱為「潛意識」，之所以如此命名，是因為它不需要表意識中儲存的知識即可運作。而我們也發現，潛意識會對表意識的意願做出回應。

一切事物都源自於心靈，有形世界一切表相都是思想的產物。由此可知，一切外在事物其實都無根本，它們並不真實，也無法長存；而既然它們都是經由思想而產生，也就都可以透過思想來抹除。

在自然科學領域中有各種實驗持續在進行著，同樣的，在心靈這個領域也有很多實驗在進行，而經由實驗所得到的每一項發現，都使人類朝向其可能達成的境界再邁進了一步。我們發現，每個人的現狀都是他在人生中抱持的種種思想的映照，他的思想塑造了他的外貌、形體、性格與環境。

每一個「果」的背後都有一個「因」，而如果我們再對這「因」追本溯源，就能發現這個「因」起始於何種創造原理。關於這個觀念的證據，如今已俯拾即是，也因此，這項真理已經被廣泛地接受了。

外在世界是由一種人眼所不能見，也因而無法解釋的力量控制著；我們長久以來都把這種力量人格化，並稱祂為「神」。然而，現在我們已經懂得視之為遍及宇宙萬物的本質或原理──也就是「無窮宇宙」或「天地之心」。

由於「天地之心」是不受任何限制且無所不能的，因此，

祂可以運用的資源無窮無盡；而如果我們還記得祂還具有「無所不在」的特性，這時就產生一個無可迴避的結論，也就是：我們都必定是祂的一種呈現或表述方式。

❧ 一滴海水 V.S. 一片汪洋

如果對潛意識的各種資源有所認識與理解，就會知道，潛意識與「天地之心」之間唯一的差異只在於「程度」而已。這兩者之間的差異就好似一滴海水與一片汪洋之間的差異，其種類與性質都完全相同，唯一的差別只在於程度而已。

你是否能理解這項極為重要的事實所蘊含的價值呢？你有沒有發現，一旦你認知了這項偉大的事實，就可以與那「全能者」建立起聯繫？既然潛意識是連通「天地之心」與表意識的管道，那不就表示，表意識可以透過刻意引導思想的方式，讓潛意識去進行某些特定的活動？而既然潛意識與宇宙是一體，那不就表示潛意識所能進行的活動同樣沒有任何限制嗎？

如果能以符合科學規律的方式理解這個原理，就可以解釋為何「禱告」可以造成許多奇妙的狀況。透過「禱告」而得到的成效與結果，其實並非來自於上帝的眷顧或施予，而是一項完美的自然律運行而得的結果。因此，其中並沒有任何宗教性或神秘的成分存在。

即便「錯誤的思想帶來失敗」可說是顯而易見的結論，卻還是有許多人不願開始養成可讓他正確地思考的各種紀律。

思想是唯一的「真實」，外在環境只不過是思想在外在世

界的展現而已。當思想改變時，一切外在的、物質層面的狀態都必須改變，因為唯有如此，才能與它們的創造者——思想保持協調一致。

但思想必須清楚明白、堅定穩固、確定而絕不動搖；你不能進一步退兩步，但你也不能期望用 15 或 20 分鐘的正確思想，就可以把你過去浪費二三十年的時間，用負面的思想在人生中創造出的各種負面產物全部除去。

如果你正在研究是否要為了徹底改變人生，而開始養成所需的各種紀律，那麼請仔細思索並通盤考慮這個問題，而在決定之後就不要允許任何事物再影響你的決定。

這種紀律、這種思維上的轉變、這種心態，不僅能為你帶來各種會讓你感覺幸福無比的物質財富，也會帶來身心健康以及各種和諧的事物。

如果你希望人生中充滿各種和諧的事物，那麼就必須先培養出和諧的心態。

因為你的外在世界將會反映你內在世界的狀況。

🐌 本週練習內容

　　這週在進行練習時，請專注在「和諧」之上。我所說的「專注」，意味著這兩個字所代表的一切意涵：你要能全心全意地、深切地集中注意力，直到絲毫意識不到「和諧」之外的事物。請記得，我們要透過實作才能學習，單是閱讀這些課文並不會對你有任何幫助，唯有實際去應用時，才能展現出這些文字的真正價值。

✍ 測一測你的理解力

（看題目時請遮住解答。請先完成本測驗再開始新一週的進度。）

Q1 一切力量、聰明與智慧都源自於何處？

Ans.「天地之心」。

Q2 所有的運動、光、熱、色彩都源於何處？

Ans.「天地之心」所化育而成的「宇宙能量（Universal Energy）」。

Q3 思想的創造力量從何而來？

Ans. 來自「天地之心」。

Q4 思想是什麼？

Ans. 思想是運作中的心靈。

Q5 宇宙是如何差異化？

Ans. 宇宙透過人的「思想」這個能力來創造種種不同的組合，因此導致了各種現象的產生。

Q6 這是怎麼做到的？

Ans. 人的思想可以影響宇宙，而使其化為有形實體。

Q7 就目前所知，宇宙所化成的第一種實體型態是什麼？

Ans. 電子。

Q8 萬物的起源在何處？

Ans. 萬物均源於心靈。

Q9 思想的改變會導致什麼結果？

Ans. 外在世界的狀況會隨之改變。

Q10 和諧的心態會帶來什麼？

Ans. 會帶來和諧的人生。

瞭解與應用宇宙律

Charles Haanel 給你的信

透過對植物寄生蟲所做的實驗可以發現，即便是最低等的生物，也有運用自然律的能力。這個實驗是由洛克斐勒研究院的成員雅克·洛克（Jacques Loch）博士所主導的。

「為了取得所需的研究資料，我們把玫瑰盆栽移入室內，並放置在一扇關閉的窗戶前方。如果我們讓這株植物缺水而枯萎，這時植物上原本沒有翅膀的蚜蟲（一種寄生蟲）就會變成有翅膀的昆蟲。而在變形之後，這些昆蟲就會離開植物而飛向窗戶，然後沿著玻璃向上爬。」

193

這些微小的昆蟲顯然是發現它們過去賴以維生的植物已經死去，而它們將無法再由這植物獲取飲食了。它們要拯救自己不受饑饉之苦的唯一方式，就是長出臨時性的翅膀而飛離，而它們也真的就這樣做了。

　　這類的實驗可以證明，那全知、全能的力量確實無所不在，而且就算是最微小的生物，也可以在緊急狀態下啟動這股力量。

　　第十五週的課文將對宇宙律做更深入的說明，文中將會解釋為何一切法則的運行都是為了讓你我得到益處，以及為何我們所遭遇的任何經歷與際遇，都對我們有所幫助；此外也將說明為何我們所能得到的力量，必定與付出的努力成正比，還有為何唯有透過有意識地依各種自然律行事，才能得到最大的喜樂。

我們所生存的世界中的一切法則，完全是為了讓我們得到益處而設計的。這些法則恆久不變，且沒有人能自外於法則運行的影響。

所有偉大的永恆力量，都運行於一種宏偉莊嚴的寂靜之中；而我們則擁有一種能力，能讓自己與這些力量進入頻率一致的狀態，藉此而使生命展現出同等的平靜與喜樂。

❧ 為什麼會有困難和障礙？

各種困難、障礙與不協調的狀況，就是因我們不願將自己已不再需要的事物給出去，或是拒絕收下自己需要的事物而造成。

「成長」是透過汰舊換新，以「更好」取代「好」而達成的；成長是一種有條件性或相互性的行為，這是因為我們每個人都是一個完整的思想實體，而這種完整性使我們只有先「給出去」才能「得到」。

如果我們緊抓著目前擁有的事物而不肯放手，就不可能得到我們所缺少的。當我們能意識到被自己吸引來的一切事物的真正意義，當我們能從每一個經驗中擷取有助於自身成長的成分時，就能有意識地去掌控外在環境。我們能把這兩點做到什麼程度，就決定了自己能獲得何種程度的和諧或喜樂。

當我們的境界不斷提升、視野不斷拓展時，我們獲取成長所需事物的能力也會持續提升。而我們越是能清楚知道自己需要什麼，就越能在這些事物出現時正確地分辨出來，也

越容易吸引與吸收到這些事物。這麼一來，能來到我們身邊的一切都將是有助於我們成長的事物。

我們所遭遇的各種經歷與際遇，都是為了使我們獲益。因此，除非我們能從各種障礙與困難中擷取到智慧，並從中獲取有助於進一步成長的各種要素，否則障礙與困難就會繼續來到。

「種瓜得瓜，種豆得豆」的法則就像數學一樣精準。我們為了克服各種困難而付出了多少的努力，就會獲得多大的恆久力量。

為了能不斷成長，我們必須要發揮最大程度的吸引力，去吸引與我們的狀態一致的事物。而唯有當我們能體悟各種自然律，並有意識地與自然律彼此合作時，才能得到最大的喜樂。

思想必須被「愛」充滿，這思想才會具有生命力；而「愛」是情感的產物，因此，人必須藉由其智識與理性來控制與引導其情感。

「愛」能為思想注入生命力，使其得以發芽、成長。而「吸引力定律」（或「愛的法則」，這兩者是一樣的宇宙律）則會帶來要讓這種思想生長與成熟所需的各種資源。

思想的第一種轉化型態就是「語言」或「詞語」，由此可知詞語的重要性。詞語是思想的第一種呈現方式，是承載思想的容器；詞語也能抓住宇宙的乙太元素，然後使其運動，以「聲音」的型態將此思想複製給他人。

思想會引導各種行為，但不論哪一種行為，都是因思想

試圖要以肉眼看得見的型態呈現出來而造成。因此，如果我們希望得到合乎理想的成果，顯然就必須只去想那些合乎理想的事物。

這也導出了一個無可迴避的結論：如果我們想要有富足的人生，那就只能想著富足。此外，由於詞語是思想轉化而成的一種型態，因此我們在使用語言時就必須特別留意，讓自己只使用建設性且協調一致的詞語。如此，當這些詞語化為有形實體時，才會為我們帶來益處。

我們無法脫離自己不斷在心中描繪著的各種圖像的影響，而我們心中那些錯誤觀念的圖像，就是因使用了與自身福祉不符的語言，而透過各種詞語描繪出來的。

我們的思想越是清晰、層次越是提高，就能更豐富地展現生命。而如果我們能善用清晰明確、且排除了各種層次較低的觀念的詞語圖像，要達到這樣的思想境界就會更加容易。

我們必須透過詞語來表達思想，而如果想運用真理的各種高階型態，那麼在使用詞語時，就必須以此為前提，謹慎而明智地選擇適當的詞語。

這種以詞語的形式妝點思想的美妙能力，使人得以與其他動物有所區隔；藉由各種書面文字，人類得以回顧過去幾世紀的歷史，而瞭解此刻所擁有的一切是從何而來。

藉由書面文字，人可以與古往今來的偉大作家和思想家們溝通交流，而由於「宇宙思維（Universal Thought）」一直都在尋求透過人類的心靈而呈現，因此，我們現今擁有的這些文字，事實上也就是「宇宙思維」的有形展現。

我們知道「宇宙思維」有創造有形實體的目標，而人類的思想也跟「宇宙思維」一樣，永遠都會試圖讓自身具體化，而我們也知道「詞語」是思想轉化而成的一種型態，而「文句」則是多個這種思想型態的組合；由此可知，如果我們希望自己有美好或堅定的理想，就必須精確地運用詞語，並謹慎地堆砌各個詞語，因為詞語以及文句的建構，乃是人類文明中層次最高的一種建築藝術，也是通往成功的通行證。

　　詞語就是思想，因此也擁有肉眼看不見且無所不能的力量，而且也同樣必定會依其樣貌，在有形世界中化為實體。

　　詞語可以成為永遠存在的心靈殿堂，也可以是風吹即垮的陋室。詞語可以悅人耳目，可以包羅一切知識；我們可以在詞語之中看到過往的歷史與未來的希望。詞語是極具生命力的信差，任何人類活動或超人般的行為都源自於此。

　　透過詞語而展現的美，來自於思想之美；透過詞語展現的力量，來自於思想的力量，而思想的力量則是來自於其生命力。但我們如何能判斷何種思想才具有生命力呢？這種思想有什麼與眾不同的特性呢？其中一定有規則可循。那麼，我們又要如何才能找出其中的規律呢？

　　數學有規律可尋，錯誤則無；健康有規律可循，疾病則無；真話有規律可循，謊言則無；光有規律可循，黑暗則無；富裕有規律可循，貧窮則無。

　　我們怎能確定這說法是正確的呢？因為當我們正確運用各種數學原理時，對所得的結果就會相當篤定；凡是健康存在的地方，就不會有疾病；如果我們明白真理，就不會受偏

差觀念的矇騙；有光的地方就沒有黑暗；有富裕的地方就沒有貧窮。

這些都是不證自明的事實，然而，人們長久以來卻都忽略了一項最重要的真理——符合宇宙原理的思想就是活的思想，這種思想具有生命力，所以會生根發芽，且最終必將取代那些負面的思想，因為負面思想本質上就不具生命力。

但這卻是一項可以幫助你摧毀一切缺乏、限制與不協調狀況的真理。

能明白這道理的智慧人們必定都會發現：「思想的創造力量」已將一把所向無敵的武器放在他們手中，使他們成為其命運的主人。

ॐ 洞察力的價值

在有形世界中，有一個「補償律（Law of Compensation）」存在著，其內容是：「當任何一處出現了特定數量的能量時，就表示另一處必定有同等數量的能量消失」；透過這個定律可以瞭解到，我們僅能得到我們給出去的。如果我們決定要做某件事，那就要準備承擔做了這件事之後需要承擔的結果。潛意識沒有推理能力，潛意識永遠都聽從我們的吩咐；我們之前要了什麼，現在就得到什麼；我們之前為自己鋪了床，現在自己就要躺上；木已成舟，沒有回頭之路；我們先前繪製了何種圖樣，就會得到怎樣的花紋。

因此，我們必須要鍛鍊自己的「洞察力」，如此才能確保在思想中，不論在心靈、道德或生理層面，都沒有我們不希

望在生命中實體化的任何思想種子存在。

「洞察力」是心靈的一種能力。藉由洞察力，我們將可以用較宏觀的角度來審度各種事實與狀況，就好像望遠鏡一樣；洞察力也讓我們能瞭解任何事業中的各種困難與機會。

洞察力讓我們能為可能遭遇的障礙預作準備，如此就能在那些障礙真的造成困難之前，就先將它們克服。

洞察力使我們能做出最完善的規劃，並將思想與注意力轉移到正確的方向，而不會錯放在各種不可能產生任何回饋的事項之上。

因此，要達成任何偉大的成就，都不可缺少洞察力；而除此之外，藉洞察力之助，我們將能進入、探索與支配任何心靈領域。

洞察力是內在世界的產物，而要培養洞察力，就要在「靜」的狀態下，藉由「專注」的方式才能做到。

✍ 本週練習內容

　　這週練習時，請專注於「洞察力」的培養。前往你習慣的位置，然後將思想投注於以下這個事實：「知道思想具有創造的力量，並不表示就掌握了思想的竅門」；全神貫注地思考「知識無法應用其自身」、「人的行動不是由知識掌管，而是受習俗、習慣與前例的掌控」、「唯有下定決心並有意識地努力，才能讓自己去應用所得到的知識」等事實。喚起對「沒有去運用的知識最終必將失去」以及「資訊的價值在於實際去應用其中原理」等事實的記憶，然後順著這個思維方向走下去，直到獲得足夠的洞察力，讓你能擬定明確的計畫，將這個原則應用在自己的特定問題之上。

৯ 測一測你的理解力

（看題目時請遮住解答。請先完成本測驗再開始新一週的進度。）

Q1 我們所能達到的和諧程度取決於什麼？

Ans. 我們是否能意識到被自己吸引來的一切事物的真正意義，並從每一個經驗中擷取有助於自身成長的成分時。

Q2 困難與障礙的出現代表什麼？

Ans. 代表我們需要遭遇這些，才能使智慧與靈性成長。

Q3 如何避免這些困難？

Ans. 要有意識地去體悟自然律，並與自然律合作。

Q4 思想要化為實體時必須依循什麼法則？

Ans. 吸引力定律。

Q5 能使思想成長、發展、成熟而化為實體所需的各種原料是如何獲得的？

Ans.「愛的法則」—也就是宇宙的創造原理—會為思想注入生命力，而「吸引力定律」則會依循「成長的法則」而帶來所需的一切物質。

Q6 如何獲得想要的成果？

Ans. 只想著能帶來期望成果的思想。

Q7 不想要的狀況是如何發生的？

Ans. 當人思考、討論或想像各種缺乏、限制、疾病、不協調的狀況時，這些觀念想法就會進入潛意識，而「吸引力定律」就會使其在有形世界中化為實體。種瓜得瓜，種豆得豆。

Q8 如何才能克服各種恐懼、缺乏、限制、貧窮與失調狀況？

Ans. 用法則取代謬誤。

Q9 如何才能認識法則？

Ans. 要體悟到「真理必將摧毀各種謬誤」這個事實。要消除黑暗不需針對黑暗，只需點亮燈火。同樣的原理也可以應用在負面思想的處理之上。

Q10「洞察力」的價值何在？

Ans. 讓我們瞭解「應用所得到的知識」的價值。許多人似乎認為有知識就夠了，但這是極大的錯誤，知識並無法應用自己，人必須去應用所得到的知識。

視覺化想像

Charles Haanel 給你的信

　　宇宙中各種屬於振動性質的活動，都是由「週期律（Low of Periodicity）」所掌管。世上有生命的一切，都會經歷誕生、成長、結果與衰退的週期，而這些週期則是由「七的法則（Septimal Law）所掌管。

　　「七的法則」掌管每一週的日數，掌管著月球的盈虧、掌管著聲音、光、熱、電、磁場、原子結構的協調；它也掌管人與國家的生命週期，並支配著商業世界的各種活動。

　　生命的意義在於成長，而成長就是不斷改變，

Charles Haanel

我們的生命也是如此，每隔七年，就會進入一個新的階段。人生的第一個七年是幼兒期，下一個七年則是童年期，在這個時期，一個人開始負擔屬於個人的各種責任；而再下一個七年則是青春期。一個人會在第四個七年時，達到完全的成熟，而第五個七年則是建設期，人們在這個階段開始獲取財富資產、購買住宅並建立家庭。三十五到四十二歲這七年是進行反應與改變的階段，之後的七年則進入重組、調整與恢復的時期，讓人能做好各種準備，以迎接從五十歲開始的下一個「七」的循環。

有許多人認為這個世界目前正在第六個時期的尾聲，而即將要進入第七個時期：一個重組、調整與恢復的時期。這個時期也常被稱為「千禧年」。

熟悉這種週期循環的人們不會因事情看似不順而煩惱沮喪，而且能在這種狀況發生時繼續應用課程中說明的各種原理，因為他確知世上有另一個無上的法則在掌控著其他所有法則，而且只要瞭解並有意識地應用各種靈性法則，就可以將一切看似困難的狀況轉化為祝福。

財富是付出努力後得到的產物。金錢是「果」而非「因」，是僕人而非主人，是達成目的的方法而非最終目的。

　　關於「財富」，最廣為人們接受的定義是：「財富」泛指一切具有交換價值的、為眾人所接受的實用物品。「財富」的最大特性，就在於這個交換價值。

　　財富往往只能為其持有者帶來些許的快樂。當我們針對這一點去思考時，就能得知，財富的真正價值並非來自其自身的用途，而是來自其交換的可能性。

　　這種交換價值，使財富成為一種媒介，讓我們能藉以獲得實現理想所需的那些真正有價值的物品。

　　因此，我們永遠都不該將獲取財富視為最終目的，而應將財富視為達成特定目的的方法。真正的「成功」在於達成遠大的理想，而非財富的累積，而凡有志於達成這種成功境界的人，都必須定下一個自己願意全力以赴的理想目標。

　　只要心中有了這種理想，實現這理想的方法與途徑就會自然出現；而在過程中也必須小心不要錯把過程當作終點。人一定要有一個明確的、固定的目標，也就是「理想」。

　　普蘭特斯・馬福德（Prentice Mulford）註1曾說：「一個成功的人，必定在靈性層次有深刻的體悟；而一切龐大財富，都是來自於超然的真正靈性力量。」不幸的是，有很多人不認識這種力量，這些人不記得當安德魯・卡內基一家人剛來到美國時，連他的母親都必須幫忙維持家計；哈里曼（

註1.「新思想運動」最早期的創始者和作家之一，一生過著隱遁的生活。其作品影響了無數作家和教師，內容論及精神與靈性的法則。

Edward Harriman）^{註2}的父親是一個窮牧師，年薪只有 200 美金；而湯瑪斯・立頓（Thomas Lipton）^{註3}則是以僅僅 25 美分開始創業。這些人在剛起步時，可依靠的除了靈性力量之外再無其他，而這股力量也沒有讓他們失望。

創造的力量完全仰賴靈性的力量，其步驟有三:「理想化」、「視覺化」與「實體化」。每一個產業大亨都是靠這個力量才能得到其成就。標準石油公司創辦人，億萬富翁亨利・弗拉格勒（Henry M.Flagler）^{註4}就在《人人雜誌》（Everybody's Magazine）的一篇文章中，承認他之所以能獲得如此成就，秘訣就在於他擁有在事前就「看到」事情完成時的畫面的能力。以下是他與記者之間的對話，從這段對話中可以看到他擁有理想化、專注與視覺化想像的能力，而這些都是靈性力量。

「您是否真的會想像整件事情完成時的畫面？我的意思是，您真的閉上眼睛也能看見一條條軌道、看見火車在上面奔馳，而且還能聽見氣笛聲嗎？您真的能做到這種程度嗎？」「是的。」「有多清晰？」「非常清晰。」

❧「偶然」並不存在

我們可以從中觀察到法則的存在，我們可以看到「因果律」的運行，我們瞭解到「思想」必定先於、並且決定了「

註 2．美國金融家和鐵路大王。

註 3．英國商人，立頓茶葉企業帝國的創始人。

註 4．美國金融家。最初從事穀物買賣。結識約翰・洛克斐勒後，兩人合夥開設標準石油公司（Standard Oil）

行動」。而如果我們夠有智慧，就能悟到一個偉大的事實：「偶然」並不存在，一個人的任何經歷體驗，都有著和諧有序的前因後果。

成功的實業家們往往都是理想主義者，他們永遠都不斷地朝著更高的標準而努力。思想的種種微妙力量在我們每天的情緒中成型，進而積累而形成我們的人生。

思想是一種具有可塑性的原料，我們以這種原料來為逐步成長的人生觀念建構圖像。「使用」決定事物的存在，因此，就如同其他任何物品一樣，我們是否有能力認知思想力量的存在並善加運用，就是能否獲得這力量的必要條件。

在時機未成熟時得到的財富，只會帶來羞辱與災難，這是因為我們無法長久保留我們還不配得到、或非因我們努力而得的任何事物。

外在世界中的種種際遇，都必定與內在世界的狀況一致，這是「吸引力定律」運行的結果。那麼，我們要如何決定要讓什麼進入自己的內在世界呢？

透過客觀心或各種感官進入心靈的任何事物，都會對心靈刻上印記，而形成一幅心靈圖像，這圖像則會成為創造能量在進行創造時依循的樣本。這些經驗大多來自環境、機遇、過去的思想以及其他各種型態的負面思想，而在你接受任何思想之前，都必須要經過縝密的分析才可以。另一方面，不管其他人怎麼想、不管外在環境如何，都要知道我們有能力透過內在的思想程序，來描繪想要的心靈圖像，而只要運用這種能力，就能掌控自己的命運、身體、心智與靈魂。

要使我們的命運不再是隨機事件、要有意識地塑造自己想要的人生經驗，就要運用這種能力，這是因為當我們意圖實現某種際遇，那際遇就必定會在我們的人生中化為實體；而由此也可得到一個明顯的結論：「思想」就是人生中最重要的「因」。

　　因此，只要能掌控自己的思想，就能掌控自己的際遇、條件、環境與命運。

❧ 如何掌握自己的思想？

　　那麼，我們要如何才能掌控自己的思想呢？有程序可循嗎？當我們「想」的時候，就創造了「思想」，但這思想能帶來何種產物，則取決於其型態、性質與生命力。

　　思想的「型態」是由心靈圖像來決定，而心靈圖像的型態則是取決於其刻印的深刻程度、圖像中想法的卓越程度、視覺化時的清晰程度與圖像內容的鮮明程度。

　　思想的「性質」是由其原料來決定，而這原料的性質則取決於構成心靈的材料。如果一個人的心靈是由活力、力量、勇氣、決心等思想所組成，那麼這人的思想也會具備這些性質。

　　最後，思想的「生命力」則是取決於被灌注於此思想之上的「感受」。如果這思想是建設性的思想，那麼它就會具有生命力；它有生命，它將會成長、發展、擴大，這種思想有創造的能力，會吸引要讓它完全發展所需的一切。

　　如果是屬於破壞性的思想，那麼這思想本身就含有會使

其分解消失的細菌，雖然這種思想最終必定會死去，但是，在它逐漸死去的過程中，卻會帶來疾病、傷害等各種不協調的狀態。

我們稱這類的事物為「惡」，而當它們透過我們自己的召喚而來到時，有些人卻傾向於將這一切困難歸咎於某種超然的存在，然而這種超然存在其實只是處於均衡狀態的心靈罷了。

祂既非善也非惡，祂純粹如是。

我們具有使其差異化而分化為不同型態的能力，而也就是這種能力造就了「善」與「惡」。

因此，「善」與「惡」都不是實體，它們都不過是要描述各種行動所產生的結果時，所使用的不同詞彙而已。而我們會採取何種行動，則取決於我們思想的性質。

如果我們的思想和諧而有建設性，就會在有形世界中造就出「善」；如果我們的思想不協調而帶毀滅性，那麼就會展現出「惡」。

如果你要以「視覺化想像」的方式描繪一個不同的環境，其程序是：讓你的理想景象停駐於內心，直到心中的畫面變得栩栩如生；不要擔心外在的人、事、物等條件，因為在絕對的領域中，這些都無足輕重；在你理想的環境中，將會俱足一切所需，對的人、對的事物都必將在對的時間與對的地點來到你生命之中。

有時候我們很難立刻接受「人可以透過『視覺化想像』的方式來掌控其性格、能力、成就、環境與命運」這件事，

然而，這確實是一項經過科學方式驗證的事實。

我們的思想決定了心靈的質地，而心靈的質地決定了我們的身心能力，這對你而言應該不難瞭解；而由此也不難進一步瞭解到：當我們的身心能力提昇時，成就也自然也會相對提昇，同時也更能掌控外在的環境。

由此可知，一切自然律都是以最自然而和諧的方式運行，每件事看起來都會像是「巧合」。如果你需要證據，那麼就回想到目前為止的人生中，你心中懷著較崇高的理想目標時所採取的行動，相較於懷著自私自利的動機時所採取的行動，兩者所得到的成果有何差異。如此，你將不會再需要其他證據。

如果你想實現任何夢想，那就要透過有意識地運用想像力的方式，在心中描繪那夢想實現時的成功圖像；這麼一來，你就必定會朝成功邁進，你將透過符合科學原理的方法，使夢想在人生中實現。

我們的肉眼只能看見已經存在於客觀世界中的事物，但當我們做視覺化想像時，所想像的事物就已經存在於靈性世界中了；而只要我們忠實於自己的理想，那麼我們所想像的畫面就會成為一個重要標記——它預告了未來有哪些事物會出現於客觀世界之中。背後的道理並不困難：「視覺化想像」是想像力的一種型態，在想像時，就會在心靈之上烙下印記，而這些印記又會形成各種觀念與理想，這些觀念與理想則是造物主用來編織未來的計畫。

心理學家們已得到一個結論：人只有一種感官，也就是

「感受」這個感官，其他感官都只是這個唯一感官的不同形貌；如果這是真的，我們就能瞭解為何「感受」可說是一切力量的泉源、為什麼情緒總是能勝過理智、以及為什麼如果想得到成果，就必須在思想中注入感受。「思想」與「感受」是密不可分的組合。

當然，「視覺化想像」必須由意志力來引導。我們必須精確地想像自己要的，我們必須小心不讓想像力如脫韁野馬般任意馳騁。想像力是非常好的僕人，但卻是很差勁的主人，如果沒有好好控制它，它輕易地就能讓我們陷入各種毫無事實根據的推論與結論之中，也會使我們在未經分析檢驗之下，就接受各種看似合理的意見，而最終的結果，就是導致心靈世界的混亂。

因此，我們所描繪的心靈圖像，必須是經過符合科學原則的方式驗證為真的圖像。要深入分析每一個想法，不要接受任何不合乎科學正確性的資訊。當你這麼做時，不管你要嘗試的是什麼，都會是你知道自己可以達成的事，而「成功」必將成為你的冠冕；這也就是實業家們所說的「遠見」，「遠見」與「洞察力」頗為類似，而且也同樣是隱藏於一切卓越成就背後的重要祕密之一。

🐦 本週練習內容

　　這週練習時，請試著讓自己認知以下這些重要事實：和諧與喜樂都只是意識的不同狀態，也因此，能否感覺和諧與喜樂，並不是由是否擁有某些事物來決定。外在世界的事物都是『果』，是特定的心靈狀態的產物，因此，如果想要得到某些物質財富，首要之務就是要具備能帶來期望成果的心靈狀態。而要進入這種心靈狀態，就必須瞭解我們的靈性本質，以及我們與那萬物之源──「天地之心」的一體性。具備這樣的認知，就會帶來要讓我們完全享受人生所需的一切事物。當我們成功地進入這種心靈狀態時，就會更容易瞭解「我們想要的一切都早已實現」。而當我們能做到這一點時，我們已找到那個能讓我們由任何匱乏與侷限中獲得自由的無上真理。

❧ 測一測你的理解力

（看題目時請遮住解答。請先完成本測驗再開始新一週的進度。）

Q1 獲取財富的基本條件是什麼？

Ans. 是否對思想的創造力量有所體悟。

Q2 財富的真正價值在哪裡？

Ans. 在於其交換的可能性。

Q3 能否成功取決於何種條件？

Ans. 取決於是否能掌握靈性的力量。

Q4 如何才能掌握這種力量？

Ans. 去運用它，使用決定其存在。

Q5 如何讓我們的命運不再是隨機事件的組合？

Ans. 開始有意識地讓我們希望成就的事物，在生命中化為真實。

Q6（承上題）若是如此，那麼生命中最重要的是什麼？

Ans. 思想。

Q7（承上題）為何如此？

Ans. 因為思想是靈性力量，因此具有創造能力。如果能有意識地控制思想，就能掌握各種事件、狀況、環境與自己的命運。

Q8 一切的「惡」都是從何而來？

Ans. 來自破壞性的思想。

Q9 一切的「善」都是從何而來？

Ans. 來自建設性的思想。

Q10「符合科學原理的思想」指的是什麼？

Ans. 能認知到靈性能量本質上就具有創造能力，並能認知到我們有能力可以掌控這種能量。

專注與直覺

Charles Haanel 給你的信

　　一個人在自覺或不自覺之間所敬拜的神祇，往往能呈現那人的心智狀況。

　　如果問印度人「神」是什麼，他描述的形象，會是一個掌管宏偉部落、英明神武的首長；如果問一個異教徒「神」是什麼，他會告訴你關於火神、河神以及其他各神祇的故事。

　　如果問以色列人「神」是什麼，他可能會告訴你摩西的神，那是一位以高壓方式統治人民作為權宜之計，因而定下「十誡」的神；他也有可能告訴你約書亞的神，那是一位帶領以色列人四處征戰，搶

奪財產、屠殺俘虜，讓所到之處一片荒蕪的神。

　　而那些所謂的「蠻族」則會雕刻出他們心目中神的形象，並習於敬拜這些偶像，然而至少對其中最有智慧的人而言，這些形象只不過是一種看得到的表徵物，讓他們能藉以將其心靈專注在他們希望能在現實世界中實現的事物上而已。

　　對我們這些活在二十世紀的人而言，理論上要崇敬的是一位「博愛的神」，然而實際上，我們卻創造了「財富」、「權力」、「時尚」、「習俗」、「傳統」等偶像。我們拜倒在這些偶像面前，並且敬拜它們。我們把意念專注於其上，而它們也因而能出現在我們的生命中。

　　能掌握第十七週內容的學生則不會再錯把象徵物視為真實；他只會對「因」有興趣，而不再在乎「果」。他將專注於人生的各種真實面相，而所得的結果也決不會使他們失望。

我們聽說過人可以「主管萬物」，而這種管轄權就是建構在心靈力量之上。人的「思想」可以掌控其下的一切法則。思想就是層次最高的法則，也由於思想具有無上的本質與超然的特性，因此祂有能力決定與其接觸的任何事物的境遇、狀況與關係。

心靈力量所能產生的振動，是宇宙中最精妙也最強大的一種。對於能領悟心靈力量的本質與卓越之處的人來說，有形世界中的任何力量，與之相較之下都會變得無足輕重。

我們都習慣於透過五種感官來看這個宇宙，而五感的各種體驗則進一步形成我們對這宇宙的看法；然而這些看法並不真實。唯有經由靈性層次的覺悟，才能真正瞭解宇宙。要獲得這種覺悟，除了必須讓心靈的振動加快之外，還必須讓心靈持續專注於某個特定的議題之上。

「持續專注」表示思想的流動處於一種穩定、不中斷的狀態，而要達到這個狀態，會需要有耐心、不屈不撓、持續努力、以及一套完善的系統。

所有的偉大發現，都是經過長期且持續的研究後才得到的成果。要完全掌握數學這門科學，會需要數年的專注投入才能做到；同理，也唯有透過專注的投入，才能掌握宇宙間最偉大的一門學問：關於「心靈」的科學。

❧ 專注是什麼？

許多人對「專注」有所誤解，認為要做到專注，應該會需要特別付出某種努力，或透過某種特定方式才能做到；然

而事實卻正好相反。一個偉大演員的厲害之處，在於他能忘記自己在扮演某個角色，而與角色合而為一，使得觀眾因其演出的真實程度而傾倒。你應該可以透過這個例子瞭解真正的「專注」是什麼——你對自己所思考的主題，感興趣與專注的程度應該要高到讓你不會意識到其他任何事物的程度。如果能做到這種程度的專注，不論所專注的目標是什麼，都能獲得關於其本質的靈感與頓悟。

一切知識都是來自於這種程度的專注；關於「天」與「地」的一切祕密也都是透過這種方式得到的。人的心靈因專注而轉化成一種磁鐵，而求知的渴望會引來知識，並對其產生一種無可抗拒的吸引力，使那知識為你所有。

人的真正願望大多存在於潛意識，表意識的願望很少能夠成真——尤其當這願望並非一蹴可幾時更是如此。潛意識中的願望會啟動潛藏於心靈之中的各種機能，使人能輕鬆地解決各種難題，就如同難題自得其解一般。

透過專注，可以啟動潛意識的力量，使其依照指示開始運作，也可以要求它為我們完成各種目標。而要做到專注，就必須要能控制自己的身、心、靈；不論是身體、心智或靈魂領域的一切意識模式都必須完全在你的控制之下。

因此，是否對靈性世界的真理有所體悟，就成為最重要的因素；你能否突破各種限制而獲得更高的成就，並達到能將各種思想模式轉換為性格與意識的境界，就取決於能否有這種體悟。

「專注」的意思並不只是去「想些什麼」，而也是指將思

維化為實用價值的轉換過程；而一般人對於「專注」的真實意義毫無頭緒。他們總是哭號著想「擁有」什麼，卻從不會哀求要「成為」怎樣的人；他們不瞭解這兩者是一體兩面，也不瞭解必須要先找到那個「王國」，才能得到「必加給你們」的那些東西[註1]。一時興起的短暫熱忱沒有絲毫的價值，唯有具備龐大的自信時，一個人才能達成其目標。

心靈可能會把理想設定得很高，而後來發現力有未逮；心靈可能會想用羽翼未豐的雙翼展翅飛翔，最後不僅未能高飛，反而跌落塵土。然而，這都並非可用來推託而不再次嘗試的藉口。

軟弱，是心智成長的唯一障礙；把你的軟弱歸因於你目前生理上的限制或心智上的不穩定，然後就再次嘗試。只要不斷重複去作，就一定可以達到輕鬆寫意的狀態與完美的境界。

天文學家們把他們的心思完全專注在星體之上，各個星體就為他們揭露自身的祕密；地質學者們將意念專注於地球的組成，因而產生了地質學。世間的一切都是如此。人們將其心靈專注於生活中的各種問題，所產生的結果，在現今龐大而複雜的社會秩序中明明可見。

所有心智層面的發現與成就，都是「渴望」加上「專注」後得到的成果；「渴望」是一種最強大的行動模式，渴望越是持久熱切，所揭露的成就與發現也就越具權威。「專注」加上

註1. 作者引用《聖經》路加福音 12:31：「你們只要求他的國，這些東西就必加給你們了。」

「渴望」，可以挖掘出自然界的任何祕密。

在實現偉大思想的過程中、在體驗與偉大思想一致的各種美好感受時，人的心靈會進入一種狀態，使其能鑑賞各種高層次事物的真正價值。

若能高度集中意念，或是對成為某種人、做到某件事產生強烈的渴望，就算只是一瞬間，產生的力量所能為你帶來的進展，都必定遠遠超過經年累月緩慢而被動地付出努力。這力量能為你打開疑惑、軟弱、無力、自卑的枷鎖，並讓你體會到克服自身弱點的喜悅。

創新能力與進取精神的培養，需要透過持續不斷地努力才能達成。商業活動中強調「專注」的價值，並推崇具決斷力的性格，而經商也可培養出產生務實見解以及快速決策的能力。在任何商業活動中，最具決定性的因素都是心靈層面的元素，而「渴望」就是其中最具主導性的力量；所有的商業關係，都不過是「渴望」展現於外在世界時的不同樣貌而已。

經商也可以培養許多重要的美德。經商可使人的心靈保持在有明確目標且穩定的狀態，因而使心靈的運作更有效率。對一個人而言，最重要的就是不斷強化心靈，使其能提昇而超越自己那不時出現、想以本能來過生活的衝動與干擾，進而能成功地克服那「高層自我（Higher Self）」與「低層自我（Lower Self）」之間的衝突。

每個人都是發電機，但是單有發電機並無法發揮什麼用處，還必須要有心靈來操作這部發電機才行；這麼一來，發

電機才能發揮用途，也才能將產生的能量集中起來。心靈就像一部引擎，其動力強大到難以想像。「思想」就是一種全能力量，思想的力量是一切有形實體以及一切事件的創造者與統治者。有形世界的任何能量，與思想的無窮力量相較之下都會顯得微不足道，因為人可以透過思想，而駕馭自然界的任何力量。

思想是以「振動」的型態運行，而那會向外傳送，並且把那些要將思想在有形世界中建構出來時，所需的一切材料吸引過來的力量，就是思想的這種振動力量。思想的力量其實並不神秘，而「專注」的意思其實就是指人可以將意識聚焦，使其達到與所專注的標的成為一體的程度。就如同身體需要攝取食物才能維持生命一般，心靈也需要攝取所專注的目標，才能獲得生命並且繼續存在。

✍ 直覺的力量

當你專注於重要的事項上時，就會啟動「直覺」的力量；而你所需的協助，就會以要獲得成功所需的必要資訊的型態來到。

直覺能讓人即便在沒有相關的經驗或記憶的輔助之下，也能做出結論，直覺也常能解決論證推理所無法解決的問題。直覺往往是以令人驚奇的方式不期而至；它常為我們揭露正在追求的真理，而其方式往往直接到彷彿來自某種更高層的力量。直覺力是可以開發與培養的，然而如果要做到這一點，首先必須要認識並讚賞它；假設直覺是你的客人，如果當

223

他來訪時，你能給予最尊榮的迎接，那他就必然會再次造訪；你越是殷勤招待他，他就越是頻繁來訪。反之，如果你忽視他，他來訪的頻率就會日漸減少，甚至與你不相往來。

直覺通常是在「靜」之中來到，所有擁有偉大心靈的人們都會經常獨處；人生中一切複雜問題的解答，都存在於「靜」之中。也因此，只要是有能力的商業人士，都會為自己設置私人辦公室，以讓自己擁有不受打擾的空間；如果你目前還無法擁有私人辦公室，那麼請至少找個能讓你每天獨處幾分鐘的地方，讓你能循序漸進鍛鍊自己的思維，培養出這種必要的、能讓你戰無不勝的力量。

請記得，潛意識基本上是無所不能的，只要能給它足夠的能量而使其開始運作，就沒有什麼無法完成的事。你的願望的本質如何，決定了你能獲得的成功程度。如果你的願望與「自然律」或「天地之心」協調一致，那麼祂就會逐漸解放你的心靈，並賦予你無可匹敵的勇氣。

你所克服的每個障礙、你所贏得的每一場勝利，都會使你對自己的力量更有信心，而你也將獲得更大的力量，繼續成為人生的勝利者。你的力量強弱取決於心態，如果你能持續保持成功的心態並堅持達成目標而不動搖，就能由那無形的國度中，將你在無聲中要求的一切吸引過來。

只要讓思想停駐於心靈之中，它就必定會化為有形實體。「明確的目標」會使各種「因」開始運行，這些「因」會進入無形世界之中，並找到要達成你的目標所需的各種材料。

你一直都在追求的，可能都是「力量」的各種象徵物，

而非力量的本體。你可能一直在追求獲得名聲而非榮譽、獲得金錢而非富裕、獲得地位而非管轄權;不管是哪一種狀況,你都會發現在你得到所求事物的當下,它們就瞬間如塵埃一般消散。

太早來到的財富或地位,都將無法長久,因為那都不是因努力而得著的;我們只有先給出去才能得到,任何嘗試不勞而獲的人都必將發現,宇宙間的「補償律」必定會公正地維持一切的平衡。

人們習於競逐金錢之類象徵力量的事物,然而,如果能對真正的力量之源有所體悟,就不再需要在意這些象徵物。對一個銀行裡有很多存款的人而言,沒有需要再在口袋裡塞一堆現金;同樣的,一個找到真正的力量之源的人,也不再會對偽裝為力量的任何事物感興趣。

思想通常會為外在世界帶來革命性的發展,不過你也可以調整思想,使其針對內在世界。如此,思想就能掌握事物的基本原理、核心與精神。而當你能掌握事物的核心時,要瞭解並運用它們就會更加容易。

這是因為任何事物的「精神」才是其本體、是攸關其存滅的最重要部份、也是真正的本質。任何有形實體都只是內在世界中的靈性活動,在外在世界中轉化而呈現的樣貌而已。

🐾 本週練習內容

　　這週進行練習時，請依照本週課文所說的方法，盡可能做到專注。但是，請不要為了達到目標而特別努力去做些什麼；讓自己完全放鬆，不需要為了成效好壞而憂慮。要記得，力量源自於「靜」。把你的思想集中在你要處理的事物上，直到它們合而為一、直到你意識不到其他任何事物。

　　如果你要消除恐懼，那就專注在勇氣之上。如果你要消除匱乏，那就專注在豐足之上。如果你要消除疾病，那就專注在健康之上。

　　永遠都要專注於最理想的狀況，就如同已經實現了一般。這樣的思想就像胚胎細胞，它是讓各種「因」開始啟動的生命原理；而一旦這些「因」開始運作，就會引導、指揮並建立起各種必要的關聯，而使你所想的事物化為實體。

ॐ 測一測你的理解力

（看題目時請遮住解答。請先完成本測驗再開始新一週的進度。）

Q1「專注」的正確方式是？

Ans. 對自己所思考的主題，感興趣與專注的程度應該要高到讓自己不會意識到其他任何事物的程度。

Q2 能如此專注將可產生何種成果？

Ans. 可啟動各種無形力量，帶來與自己的思想一致的各種事物。

Q3 這種思考方式的決定性因素是什麼？

Ans. 靈性層次的真理。

Q4（承上題）為何如此？

Ans. 因為我們的一切願望，其本質都必須與自然律協調一致。

Q5 這種專注方式有何實際的價值？

Ans. 思想會轉化為品格，而品格是可以創造環境的磁鐵。

Q6 一切商業活動中的決定因素是什麼？

Ans. 是心靈層面的元素。

Q7（承上題）為何如此？

Ans. 因為「心靈」是一切有形實體與一切事件的創造者與統馭者。

Q8 專注力會如何運作？

Ans. 會培養出人的感知能力、智慧、直覺與敏銳度等能力。

Q9 為什麼「直覺」比「論證推理」好？

Ans. 因為直覺能讓人即便在沒有相關的經驗或記憶的輔助之下，也能做出結論，直覺也常能解決論證推理所無法解決的問題。

Q10 如果不追求真實而只追求其象徵物，會導致什麼結果？

Ans. 會發現在得到所求事物的當下，它們就瞬間如塵埃一般消散。

深入探索吸引力定律

Charles Haanel 給你的信

　　為了成長，我們必須要能取得成長所需的事物，而這則要透過「吸引力定律」來達成。這個原理也是使宇宙自身產生差異化，而造就不同個體的唯一方式。

　　想想看，如果一個男人沒有丈夫、父親、兄弟等身份，如果他對社會、經濟、政治或宗教毫無興趣，那他會變成什麼？他將變成一種抽象或理論性的存在。因此，一個人的存在，在決定於他與整體之間的關係、他與他人之間的關係、他與社會之間的關係等等。這種關係建構出他所在的環境，而除

此之外別無他法。

　　每個人都只是那唯一的、「照亮一切生在世上的人」的「天地之心」差異化的結果而已，而人們所說的性格或人格特質，其實不過就是他與「整體」之間產生關係的方式而已。

　　我們把這個稱為他所在的環境，而這則是由「吸引力定律」所造成。在第十八週的課文中，將針對「吸引力定律」這個重要法則再做進一步的說明。

❧ 新的意識層次

這世界的思想觀念正在變化。這變革正悄悄地發生在你我之間，並且是自異教信仰衰亡至今，這世界所經歷的最重要的一次變革。

從高級知識份子到勞工，各種不同社會階層的人們都正經歷著人類歷史上前所未見的、觀念上的革新。

如今人類已透過科學而獲得大量的新發現、發掘出無限的資源、並揭露各種龐大的可能性以及各種未知的力量；而這也使得科學家們越來越難以確認某些理論的存在與正確性，也越加難以徹底否定某些理論，斷定那些理論荒誕不經或不可能正確。

一個新的文明已經誕生。各種習俗、教條、慣例，都已經是過去式，願景、信念與服務已取而代之。長久以來羈絆著人類的枷鎖已被移去，而隨著唯物主義中的雜質逐漸消失，人類的思想也跟著解放，而真理則得以披上華美的禮袍，出現在驚訝不已的大眾面前。

現在正是這世界要進入一種新的意識層次的前夕，人類將獲得一種新的力量，並對自我產生一種新的認知。

物理科學已把物質分解為分子、分子分解為原子、原子再分解為能量；而在弗萊明（J. A. Fleming）[註1]眼中，下一步就是將能量再分解為心靈。他於一場在英國皇家學院發表的演說中提到：「能量最終極的本質，可能是我們無法完全理解

註1.英國物理家和工程師。曾多次獲得榮譽獎章。1929年因科學成就獲爵士稱號。

的，我們只能知道能量是所謂的『心靈』或『意念』運作時的一種展現。」

這「心靈」是一種內在世界的終極存在，祂存在於物質之中，也存在於靈性之中。祂就是維持宇宙運行、為萬物灌注能量、且無處不在的宇宙靈體。

宇宙中一切有生命的個體，都必須依靠此一全能智慧體才能生存。而我們也發現，每個人所過的生活之間的差異，主要就是由他們能在有形世界中，讓此一智慧體展現到何種程度來決定。這個偉大的智慧體讓動物的存在層次高於植物，也讓人類的存在層次高於動物；而我們也知道，人類有能力藉由控制其行動模式，有意識的調整自己，使自己能適應環境──這也是那不斷增長的智慧體存在的象徵。

所有擁有偉大心靈的人們，都將其注意力朝這個方向調整，他們調整的方式，其實也就是去承認宇宙心靈中存在著既定的秩序，而我們對這秩序能遵從到什麼程度，宇宙心靈就會對我們順服到什麼程度。

我們因為對各種自然律有所瞭解，才能消弭時間與空間的限制、能飛上青天、也能讓沈重的鋼鐵浮在水面上，我們的智慧若能更增長，就能對自然律有更多認識，這時，我們也將擁有更強大的力量。

當人能認知自己的「自我」其實是由這個「宇宙智慧（Universal Intelligence）」個體化而形成時，就能掌控還未達到這種程度的自我認知的其他智慧型態；因為他們不知道自己能隨時號令這存在萬物之中的宇宙智慧，他們也不知道這宇

宙智慧會回應其任何請求，所以他們才會受到所屬物種所需依循的各種法則的束縛。

思想具有創造的能力，這法則乃是建構在合理而健全的基礎之上，也存在於宇宙萬物的本質之中。然而，這種創造能量並非來自於人，而是來自宇宙——一切力量與物質的泉源；人不過是這種能量的配送管道而已。

人只是宇宙用來形成諸多不同的組合，而形成各種不同現象的方式；這過程是依循「振動律（Law of Vibration）」——當原始物質中發生某種急速的運動，而其速率符合某種精準的數學比例時，原始物質才會形成新的物質。

思想是能讓人與宇宙、「有限」與「無窮」、「可見」與「未知」溝通的無形橋樑。思想也是一種魔法，讓人類成為一種會思考、有知識、能感覺並懂得行動的生物。

就如同藉由適當的設備，人眼也能看到並探索數百萬英哩以外的世界一般，如果一個人能得到正確的體悟，他就能與一切力量的起源——「天地之心」彼此交流。

✐ 正確的體悟

一般人的「體悟」，通常就像沒有錄影帶的錄影機一樣，沒什麼價值；他們的所謂體悟其實只是某種「相信」而已，這其實沒什麼意義。就算是荒島上的野人，也會有他們相信的東西，但這並不能代表什麼。

對一個人而言，唯一能產生價值的，是那種經過測試而能證明為事實的「相信」；而這時，他所相信的事物就超脫「

233

相信」，而進入有生命的「信仰」或「真理」的層次。

至今已有成千上萬人測試過這個真理，而只要人們使用的方式正確，就必定能驗證這個真理的正確性。

一個人不會奢望在沒有性能足夠的望遠鏡的輔助之下，還能對數億英哩以外的星球進行定位。也因此，科學家們不斷地建造更大型、功能更強的望遠鏡，而他們得到的回饋，就是能不斷獲得關於天體方面的新知識。

同樣的狀況也正發生在上面所說的「體悟」之上。關於如何能與「天地之心」以及其無窮的可能性互通有無這個領域，人類也正不斷地有新的進展。

「天地之心」會依據「原子與原子之間，能產生無限多種不同強度的吸引力」這個原理，而使其自身轉化為有形世界中的實體。

萬物都是通過這個組合與吸引的原理而產生聯繫。這個原理通用於全宇宙，也是存在目的得以實現的惟一途徑。

藉此一宇宙原理之助，萬物的成長都將達到最完美的境界。

要成長，就必須能取得成長所需之物，但由於我們無時無刻都是一個完整的思想體，而這種完整性使我們只有在給出去時才能得到，因此，「成長」就需建構在互惠的行動之上；而我們也發現到，心靈世界中有「物以類聚」的規則，而且心靈的振動只會回應與其頻率一致的其他振動力量。

由此可知，關於「豐足」的思想只會回應與之相似的其他思想；一個人擁有的財富，必與其內在狀況一致。獲得外

在世界的富裕的最大祕密，就是要先讓內在世界富裕。對一個人而言，其財富的真正來源，就在於其產出能力；也因此，一個能真正全心投注於其工作的人，必定能獲得無可限量的成功。他會願意不斷地付出，而他付出的越多，也就會得到更多。

不管是華爾街的金融家、各產業的大亨巨擘、政治家、律師、發明家、醫生、作家——如果沒有思想的力量，他們又怎能像這樣增進人類全體的福祉呢？

思想是一種依據「吸引力定律」而運作，且最終必將化為豐足實體的能量。

「天地之心」是處於靜止狀態的心靈，或者說是處於平衡狀態的「初始物質」。祂會藉由你所擁有的「想」這個能力而差異化並形成不同的有形實體。「思想」就是心靈的動態相位。

要擁有力量的先決條件，就是要先能意識到這力量的存在。如果不去使用力量，最後就必定會失去它，而如果我們未能意識到力量的存在，就不可能去運用它。

是否能運用這種力量，取決於能否專注，我們越是專注，獲取知識——力量的另一個代名詞——的能力也會越強。

能否專注，一直被視為判斷一個人的天才的標準。而專注的培養則需透過不斷地鍛鍊。

「興趣」可以使人容易專注。興趣越是強烈，注意力也就會越加集中；而注意力越是集中，興趣也會更加強烈——就好像作用力與反作用力一般。先從集中注意力開始，過不了

多久，你的興趣就會被激發出來，而這興趣則會吸引更多注意力，這注意力又會讓你更有興趣……以此類推。這樣的練習，可讓你培養出專注的能力。

🐾 本週練習內容

　　這週練習時，請專注於你擁有的「創造」這個力量、去尋求得到一些真知灼見、尋求得到新的覺悟、也試著為存在於你內心的信念找到合理的基礎。思考這個事實——人的肉身生存與活動在空氣之中，而且必須呼吸空氣才能活著；然後繼續思考——人的靈體其實也生存與活動在一種類似但更微妙的能量之中，而且也同樣需要這種能量才能活著。在自然界中必先播種，才會有生命長成，而其果實絕不會優於長出這種子的植物所結出的果實；在靈性世界中也是一樣，沒有先播下種子，就不會結出果實，而果實的好壞，同樣取決於種子本身的優劣。因此，你能得到何種「果」，完全取決於你對這偉大的因果領域中的法則能領悟多少——而這也就是人類意識進化的最高層次。

ૐ 測一測你的理解力

（看題目時請遮住解答。請先完成本測驗再開始新一週的進度。）

Q1 每個人所過的生活之間的差異是由什麼來決定？

Ans. 由他們能在有形世界中，讓宇宙的全能智慧體展現到何種程度來決定。

Q2 人可以透過依循何種法則，來掌控其他的智慧型態？

Ans. 認知「自己是宇宙智慧體個體化而形成」。

Q3 創造的力量來自何處？？

Ans. 宇宙。

Q4 宇宙是如何化育出各種有形實體？

Ans. 藉由人來做到。

Q5 人與宇宙之間是透過什麼而彼此相連？

Ans. 透過「思想」。

Q6 萬物之所以能存在，是因為哪個原理的關係？

Ans. 愛的法則。

Q7 這個原理的展現又是依循哪一個法則？

Ans. 成長的法則。

Q8（承上題）成長的法則運作時有什麼先決條件？

Ans. 成長需建構在互惠的行動之上，這是因為每個個體無時無刻都是一個完整的存在，因此，我們只有在給出去時才能得到。

Q9（承上題）我們「給出去」的是什麼？

Ans. 思想。

Q10（承上題）我們會接收到什麼？

Ans. 也是思想；這思想是處於平衡狀態的原始物質，且會依我們所想的而化為有形實體。

體悟真理，掌控人生

Charles Haanel 給你的信

「恐懼」是一種非常強大的思想型態，它可以麻痺神經中樞，因而影響血液的循環。

當這種狀況發生時，就會使得肌肉系統跟著麻痺；因此，「恐懼」會對人的整個存在造成影響，包括身體、大腦、神經、肌肉、有形世界，乃至於心智世界。

要克服恐懼，方法當然就是要對自己的真正力量有所瞭解。這個被我們稱為「力量」的謎樣生命力究竟是什麼呢？我們無從得知，就像我們也不知道「電」到底是什麼一樣。

Charles Haanel

然而，我們知道只要能符合負責管控「電」的法則的各種條件，那麼電力就會成為順服的僕人；它會為我們照亮家裡與整個城市，它會運行我們所製造的各種機器，透過各種不同方式為我們服務。

　　上面說到的這種生命力也是一樣的。雖然我們無從得知它到底是什麼，而且可能永遠也不能明白，但我們能確定它是一種要透過活生生的人，才能化育為各種實體的原力。而只要我們能依循負責管控這力量的各種法則與原理，就可以開啟閘門，讓這種生命力量滔滔湧入，因而使我們在心智、道德與靈性層面，都能展現出最高的效率。

　　在這週的課文中，將說明一個開發這生命力量的簡單方式。如果你能確實去實踐這一課所提供的資訊，就能很快地培養出對這力量的感知能力；而是否擁有這種能力，也就是常人與天才之間的最大區別。

人類對真理的追求，已不再是一場無計畫的探險，而成為一種有系統的進程，在每個過程當中都有清楚的邏輯；不論任何的經歷體驗，都有其前因可循。

追求真理，事實上就是追求最終極的「因」；我們已經知道一個人的任何經歷體驗都只是「果」，因此，如果我們能確定其成因，並能瞭解這成因是我們能刻意控制的，這時，一切經歷體驗──也就是「果」──就也能為我們所掌控。

如此，一個人的人生就不再是一場機會與命運構成的遊戲，他也將不再受到運氣與宿命的擺佈；他將能完全掌控自己的生命，就像船長操控船隻、或是火車司機駕駛火車一般。

⌘ 對比並非不同的存在

世上萬物皆可被分解為相同的元素，因此，萬物皆可互相轉換；而又因為萬物可互相轉換，因此必定永遠互相關連，也永遠無法彼此對抗。

有形世界中存在著無數的「對比」，而為了方便起見，我們為這些對比項目各自指定了不同的名稱，因此有了「北極」與「南極」、

「內」與「外」、「可見」與「無形」。然而，這些詞彙的功能，也就僅止於描述這些極端的對比狀態而已。

這些詞彙只是對同一實體的不同部位的稱呼。對比的兩個極端其實是互有關連，兩者是同一整體的兩個部位或面相，而非不同的存在。

同樣的法則也存在於心智世界中。我們會說人「有知識」

241

或「無知」，然而「無知」其實只是「缺乏知識」而已；由此可知，「無知」二字只是一組描述「無知識」的狀態的詞彙而已，並沒有其他意義。

在道德世界中也能發現這個法則。我們說世上有「善」與「惡」，然而只有「善」是真實、有形的存在，而「惡」則只是「無善」這種負面狀態而已。人們誤認「惡」是一種真實存在的狀態，然而在「惡」之中並無法則存在，「惡」不具生命力、沒有生命。我們之所以能確定這個說法為真，是因為我們永遠都可以藉由「善」來消滅「惡」；就如同「真理」永遠可以消滅「謬誤」、「光」永遠可以消滅「黑暗」一般，只要有「善」，「惡」就必定會消逝。我們可由此得知，在道德世界中，只有唯一的一個原理存在。

我們也發現，在靈性世界中也有同樣的法則。我們以為「心靈[註1]」與「物質」是兩種不同的存在，但只要對真理有更清晰的覺悟，就可瞭解事實上只有一個原理存在，那就是「心靈」。

❧ 一切變動都是演化、更新的過程

心靈是真實且永恆的，而物質則永遠都在不斷變化。我們可以理解，對「永恆」而言百年如一日；當我們到大都市裡，可以看到無數龐大宏偉的建築、大量的新型車輛、行動電話、電燈等各種現代社會的便利產品。這時我們可能會想

註1. 作者此處使用的是大寫的「Mind」，故所的是「天地之心」而非單論人的心靈。

到，在不過一世紀以前，這所有一切都並不存在；而如果我們能在百年後再來到同一地點，也必定會發現到，我們現在所看到的，屆時會只有極少數還存在著。

我們也可在動物王國中觀察到同樣的「變」的法則——數以百萬計的各種動物來來去去，其生命週期可能僅有數年；植物世界的變動則更加迅速，大多數的草本植物在一年內就會結束生長與死亡的週期。我們探索無機世界，希望能找到更永恆的事物，然而，當我們凝視那看來顯然穩固無比的大陸時，卻有人告訴我們，這片大陸是由海洋中升起的；當我們觀察高聳的山岳時，卻有人告訴我們這山岳所在之處，曾經是一座湖泊；而當我們震懾於優勝美地山谷（Yosemite Valley）壯觀的懸崖景色時，也可以輕易地觀察到先前冰河活動的痕跡。

我們都身處於持續的變動之中，而我們知道一切的變動都不過是「天地之心」的演化過程、是萬物持續變化更新的宏大進程。我們也瞭解到，物質只是「心靈」所化的一種型態，因此一切物質都只是某種狀態；物質中並無宇宙原理存在，「心靈」才是唯一的宇宙原理。

由此可知，「心靈」就是運行於有形世界、心智世界、道德世界以及靈性世界的唯一宇宙原理。

而我們也知道這心靈處於靜態（休眠中的心靈），而人的「想」這個能力，可以作用於「天地之心」之上，使其轉換為動態的心靈（或活動中的心靈）。

要做到這一點，人類必須以「食物」的形式為自己添加

燃料，因為人若長期不飲食，就會無法思考。由此也可得知，如果不藉由物質世界中的各種途徑，那麼即便是像「思考」這種靈性活動，也無法被轉換為喜樂與利益的來源。

要收集電力並將其轉換為動能，會需要某種型態的能量；要延續植物的生命，則必須要有太陽藉由其光線照射而給予植物所需的能量。同樣的，人也需要「食物」這種能量形式才能思考，繼而影響「天地之心」。

思想永遠會化為有形實體、永遠會尋求展現的方式；不管你知不知道這件事，都不會改變這個事實──如果你的思想都是充滿力量的、有建設性的、以及正面的思想，就必定可以在你的健康、事業與周遭環境的狀態中找到證據；同理，如果你的思想充滿軟弱、批判、破壞性與負面的思想，那麼這些思想在你的身體上，會化為恐懼、擔憂、緊張焦慮，在財務上，會化為缺乏與限制，並會在你的周遭環境中化為各種不協調的事件。

一切的財富都是「力量」之下的產物。唯有在所持有之物能產生力量時，那物才有價值；唯有當事件本身會對力量造成影響時，才算是重要的事件。任何事物都代表著某種型態或程度的力量。

人類因為對掌管電力、化學作用、重力等領域的各種定律、法則所展現出來的因果關係有所瞭解，所以才能大膽地去策劃並勇敢地執行各種計畫。這些定律與法則稱為「自然律」，這是因為它們負責管控的是整個有形世界，然而世上並非只有有形世界的力量而已，另外還有心智層次的力量、道

德層次的力量以及靈性層次的力量存在著。

❧ 心靈發電廠

我們的中小學與大專院校，如果不能成為培養這種心智力量的發電廠，那還有什麼功用呢？

有形世界中的發電廠能為各種沈重的機具提供能量，使這些機具得以運作，而收集到各種原料，並將其轉換為各種民生必需、或能使生活更加容易且舒適的物品；同樣的，心靈世界中的發電廠也能收集某種原料，並將其開發與培養成一種能量。這是一種至高無上的能量，雖然自然界中有許多神奇偉大的力量存在，但與這種能量相較之下，都會顯得微不足道。

那麼，這些被收集到世界上無數心靈發電廠中，並進一步被開發為一種能掌控其他一切力量的能量的那種「原料」，究竟是什麼呢？當它處於靜態時，就是「心靈」；當它處於動態時，就是「思想」。

這種能量之所以至高無上，是因為它存在於更高層的次元空間，透過這種能量，人類才能夠發現能駕馭自然界偉大力量的種種法則，而進一步運用這些力量來完成原本需要大量人力才能完成的各種工作。也是因為這種能量，人類才能研究出可以消弭時間與空間限制，並克服萬有引力的各種法則。

在過去半世紀之間，「思想」這種重要的力量或能量不斷地在成長，並且也造就了各種驚人的成果。現今的世界，是

活在 50 或 25 年前的人們根本無法想像的；而如果經由善加組織這些心靈發電機，就可以在僅僅 50 年間得到如此的成就，那麼再過個 50 年之後，又有什麼是不可能達成的呢？

那用來創造萬物的原始物質的數量是無限的。我們知道「光」是以每秒 186,000 英哩的速度前進、我們知道有些星球與我們的距離是如此遙遠，即便是光也會需要 2,000 年的時間才能到達地球、我們知道這種星球存在於天體各處、而我們也知道這光是以「波」的型態來到。如果宇宙中的乙太元素是不連續的，那麼藉著這種乙太元素而在宇宙間旅行的光波就無法到達地球了；因此，我們僅能得出一個結論：這個原始物質——也可稱為乙太元素或「原料」——遍布在全宇宙各處。

那麼，這原始物質又是如何化育為有形實體呢？在電學領域中，如果將鋅與銅的相反兩極接上，就會導致電流的流動而產出能量，這也就是電池的原理。在任何的兩極之間都會發生同樣的現象；而由於世間一切有形實體之間的差異，都僅在於因振動頻率的差異而導致原子之間的相互關係不同，因此，如果我們想要改變顯現在有形世界中的形體，就必須要由改變極性著手。這也是因果法則。

♨ 本週練習內容

　　這週的練習是「專注」，這裡說的「專注」包含這詞彙所能代表的一切意義；要完全沈浸在你所想的標的之上，達到不會意識到其他事物的程度。每天都要花幾分鐘時間做這個練習。既然你每天都願意撥出時間來飲食，確保身體得到所需的養分，那為何會不願意花時間攝取心靈的食糧呢？

　　讓你的思想停駐在這個事實之上：人眼所能見的一切表象都是虛假的。地球不是平的，也不是靜止不動的、天空並不是個大圓頂、太陽並不移動、天上的繁星也不是會發光的顆粒，而物質也並非像我們曾認為的那樣恆久不變，而是處於一種不斷變動的狀態。

　　請試著去體悟：人類必須順應快速增加的、關於各種永恆法則的知識而調整其思想與行為模式的那日即將來到，而現在，正是那日的破曉時分。

測一測你的理解力

（看題目時請遮住解答。請先完成本測驗再開始新一週的進度。）

Q1 各種極端的狀態是如何形成對比的？

　　Ans. 是由人為這些狀態指定了不同的名稱，如「內」與「外」、「上」與「下」、「光」與「暗」、「好」與「壞」。

Q2 它們彼此是分離的實體嗎？

　　Ans. 不是，它們是同一整體的不同面相。

Q3 有形世界、心智世界、道德世界以及靈性世界的唯一創造原理是什麼？

　　Ans.「天地之心」，也就是「永恆能量」，萬物都是由祂而出。

Q4 我們要如何與這個創造原理產生關聯？

　　Ans. 透過我們的「想」這個能力。

Q5 這個創造原理如何能開始運行？

　　Ans. 以「思想」為種子，思想導致行動而行動造就有形實體。

Q6 各種有形實體的形體樣貌是取決於哪個因素？

　　Ans. 其振動頻率。

Q7 如何才能改變這振動頻率？

　　Ans. 透過心靈層面的活動。

Q8 這種活動又是基於何種原理？

　　Ans. 基於「極性」─個體與宇宙之間的作用力與反作用力。

Q9 這種創造能量是源於個體還是源於宇宙？

　　Ans. 源於宇宙，然而唯有透過個體，這能量才能化育為有形實體。

Q10 為什麼個體是不可或缺的？

Ans. 因為宇宙是處於靜態，需要能量才能使其開始活動，而人的「想」這個能力，可以作用於「天地之心」之上，使其轉換為動態的心靈；如果沒有個體的思想，宇宙就永遠是處於靜態的純粹心靈能量。

天人一體

Charles Haanel 給你的信

多年來人間對「惡」的起源爭論不休。神學家們告訴我們說：神就是愛，而神是無所不在的；如果這是真的，那就不會有神不在的地方了。但若是如此，惡魔、撒旦、地獄又會在哪裡呢？

我們來研究一下：神是靈，靈是宇宙的創造原理。人類是按照神的形象和樣式而來的，因此，人類是一種靈性的存在；靈唯一能進行的活動就是「思考」，因此，思考乃是一種創造的進程。世上的一切有形實體都是思想的產物，而有形實體的毀壞，必定也是思想所導致的結果。以虛幻型態呈現的形體

Charles Haanel

——就如在催眠狀態中顯現的——是思想創造力量的產物；以外顯方式呈現的形體——就如在唯心論中所說的——也同樣是思想創造力量的產物。

各種發明、組織與建設性的活動，都是思想創造力量在專注狀態下的產物。當思想的創造力量化育為對人類有益的結果時，我們就會稱之為「善」；而當思想的創造力量導致對人類有害的結果時，我們則會稱之為「惡」。

這也是善與惡的起源。「善」與「惡」都只是人們用來描述思考或創造程序所造就的結果的詞語而已。思想必定先於行動並且決定行動，行動則必定先於且決定了結果。

在第二十週的課文中，將對這個重要主題做更深入的說明。

🐝 獲得力量的最大祕密

　　事物的靈才是其本體；靈性必定是固定的、不變的、永恆的。你的靈才是真正的你，沒了靈，你就什麼都不是。當你認知到靈的存在與無限可能時，祂就會開始活躍。

　　就算你擁有世間的一切財富，但如果你不知道這件事，或沒有去運用它，那這些財富就毫無價值；你的靈性財富也是一樣：除非你能認知其存在，並且善加運用，否則它也一樣沒有絲毫價值。要掌握靈性力量，唯一且絕對的條件就是「認知其存在」與「善加運用」。

　　所有偉大事物都來源自於認知；意識是力量的權杖，思想則是他的信差，而這信差則不斷地將無形世界中的各種真實，形塑為外在世界中的際遇與環境。

　　思考才是人生的真正要務，而力量則是其成果。你無時無刻都在體驗著思想與意識那魔法般的力量；如果你對這股被交付給你掌管的龐大力量，繼續保持茫然不知的狀態，那麼還能期望得到什麼成果呢？

　　如果繼續這樣下去，你就會以外在世界的表象來限制自己，最後成為必須為那些願意思考、對自己的力量有所認知、知道如果不願勞心就得勞力的人們承擔勞務的人；我們思考越少，就得做得越多，而由工作中所得的也會越少。

　　要獲得力量，最大的祕密就在於要對與「心靈」相關的各種原則、可用之力、實作方法與各種組成，有清楚而完整的認知，並對我們與「天地之心」之間的關係有深入的體悟。

請切記此一法則是永恆不變的，若非如此，我們就無法倚靠這法則了；所有的宇宙法則都是固定不變的。

這種可靠性也就是你的機會所在；你是「天地之心」的活躍屬性（active attribute）、是祂的活動管道——「天地之心」只透過個體才能進行活動。

一旦你領悟宇宙的本質就在你的內在——祂就是你——你就會開始做些什麼，你會開始感覺到自己的無限力量；這力量就是能燃起想像力的火焰、能點亮靈感火炬的燃料，這力量會為你的思想注入生命力，讓你能接上宇宙間所有無形力量，這力量也使你能無畏地進行種種計畫，並熟練地執行你的計畫。

然而，只有在「靜」之中，才能得到這種領悟；而「靜」也似乎就是要達成任何偉大目標的必要條件。你擁有「視覺化想像」的能力，而「想像力」就是你的工作室，你就是在這個工作室中描繪理想的景象。

由於是否能完全體悟這股力量的本質，乃是這力量能否在有形世界中化為有形實體的主要條件，因此，請不斷地在心中重複描繪上述的整套方法，讓自己在需要時就能應用出來。當你運用這方法時，無限的智慧將會來到，我們也因而能隨時得到源於那無所不能的「天地之心」的各種靈感與啟發。

也許我們會因為未能對這個內在的世界有所認知，而將其排除於我們的意識之外，然而即便如此，這個內在世界仍舊會是萬事萬物的根本原理；而如果我們能學著去認識它，

那麼我們就能在自己與其他一切人、事、物之中，找到那「在我們裡面」的「天國」。

我們所遭遇的失敗，也是相同法則的運行結果；這法則永不改變，且其運作極為精準、無絲毫偏差。如果我們想著缺乏、限制、失調，那麼就會發現其果實滿於手中；如果我們想著貧窮、不快樂或疾病，這些思想信差們也必定會一視同仁地帶來你所召喚的事物。如果我們害怕發生某個不幸事件，那麼之後就會像約伯所說的一樣：「因我所恐懼的臨到我身[註1]」；如果我們心中充滿不近人情或不學無術的思想，也會為自己吸引來對應的結果。

如果能確實瞭解思想的力量，並且能正確地去應用這種力量，那麼它就會是世界上最強大的省力裝置；然而，如果未能瞭解思想的力量，或去濫用這種力量，那麼我們也可以預見會導致何種後果。若能得這力量之助，你將能自信地挑戰任何看似不可能的事物，因為這力量就是一切靈感與天賦的背後祕密。

✒ 如何接上靈感之源

如果想成為能接收到靈感的人，就要跳脫前人行過的路徑、跳脫過去的常規與慣例，這是因為要達成非凡的成就，就會需要非凡的手段。如果我們能體悟萬事萬物皆為一體，且一切力量之源就在內在世界之中，我們就能接上靈感之源。

註1. 出自《聖經》約伯記 3:25，全文為「因我所恐懼的臨到我身，我所懼怕的迎我而來。」

靈感是一門關於「接收」的藝術、是一門自覺自悟的藝術、是一門將自心轉向「天地之心」的藝術、是一門將正確的機構連接至一切力量之源的藝術、是一門將無形轉化為有形的藝術、是一門成為「無窮智慧」的流動渠道的藝術、是一門想像完美境界的藝術、是一門要去體悟那無所不在、無所不能之力的藝術。

如果能體悟這個事實：「宇宙間的那股無窮力量是所不在的，因此不論是無限大還是無限小的事物，祂都存在其中」，我們就能吸取到其精華；而如果能更進一步體悟「這力量是靈，因此是肉眼無法看見的」這個事實，我們就能欣賞這力量在同一時間於一切空間的展現。

若能體悟這些事實——先是知識上的瞭解，再進入情感上的體悟——我們就能由這片無窮力量的浩瀚汪洋深處擷取力量。光是知識上的瞭解並不會有任何幫助，還必須要讓情感也啟動而運行才行；沒有感受的思想是冰冷的。「思想」與「感受」是缺一不可的組合。

靈感來自內在世界。「靜」是必要條件，要沈澱一切感官，放鬆所有肌肉，進入休眠狀態。當你藉此而獲得對均衡與力量的感知時，就會開始接收到能使你的目標實現的一切資訊、靈感或智慧。

請勿將這些方法與一些通靈法混淆，它們彼此之間毫無相似之處。靈感是一門接收的藝術，而且靈感能造就生命中一切最美好的事物；你在人生中的最大要務，就是去體悟進而號令這些無形力量，而非讓它們指揮與統轄你的生命。力

量與服務是一體兩面，靈感與力量也是一體兩面；若能體悟並應用獲得靈感的方法，就能擁有如同超人一般的力量。

即便在呼吸吐納之間，我們的生命都可以隨著變得更加豐足——只要我們帶著這樣的意念而有意識地做每一次的呼吸。然而，這裡的「只要」，卻是一項非常重要的條件，因為你的意念決定你的專注力之所在，而如果沒有專注力，那麼你就只能得到跟其他人一樣的成果。這是「供需平衡」的道理。

如果想得到更多的「供給」，就必須要提高你的「需求」；當你有意識地提高「需求」時，對應的「供給」就會隨之而來，而你也將得到越加擴大的生命、能量與活力。

這背後的道理並不難理解，然而卻又是另一件鮮為大眾所知的重要生命之謎。如果你能掌握這個道理，就會發現這也是生命中最重要的一項「真實」。

有人說「我們生活、動作、存留，都在乎他。[註2]」，而這個「他」是靈、也是「愛」；因此，在我們每一次吐納之間，都吸入了生命、愛與靈性。這就是氣能（Pranic Energy），或是氣場乙太（Pranic Ether），沒有它，我們連一刻都無法存在。它是宇宙能量，是太陽神經叢的生命之源。

我們每一次吸氣時，肺部都會充滿空氣，同時並以這種大氣乙太——也就是「生命」的本體——為身體灌注活力；也因此，我們才有機會與那一切生命、一切智慧以及一切物質之源，建立起意識的連線。

註2. 出自《聖經》使徒行傳 17:28。

如果能瞭解自己與這掌控全宇宙的「原理」之間的關係與一體性，並學會讓自己有意識地與它保持一致的簡單方法，就能體悟一種能讓自己由疾病、匱乏、限制中解放的法則；事實上，這也能讓您呼吸到「生命的氣息」。

這種「生命的氣息」是一種超意識的真實存在。祂是「真我」的本質，祂是純粹的「存在」或「宇宙原始物質」，而我們如果能有意識地與祂合一，就能使其集中，進而運用其創造能量之力。

✦ 先「是」而後才能「做」

思想是一種創造性的振動能量，而它所創造出的狀況是好是壞，乃是取決於我們思想的品質——這是因為我們無法展現自己沒有的力量。我們必須先「是」而後才能「做」，而我們僅能「做」到我們所「是」的程度。因此，我們的所作所為必定會與我們所「是」的一致，而我們「是」什麼，則是由我們想些什麼來決定。

每當你「想」的時候，就啟動了一連串的因果關係，這些因果關係會完全依照其源頭思想的品質，而創造出與之一致的外在環境。與「天地之心」協調一致的思想會造就與之相應的美好結果，破壞性或不協調的思想也會導致與之對應的後果。你可以用創造性的方式、也可以用破壞性的方式運用你的思想，然而宇宙的不變法則絕對不會讓你「種瓜得豆」。你可以隨心所欲地運用這種偉大的創造力量，但是所有的後果都要由你自行承擔。

這也就是「自由意志」會導致的風險。有些人認為他們可以透過意念的力量，來迫使宇宙法則改變；他們誤以為不管種下哪一種思想種子，只要藉由運用「意志力」，都可以使其長出另一種果實。然而，由於創造能量的基本原理是一體適用的，所以，想要透過個人意志的力量來迫使創造能量順從我們的願望，乃是一種顛倒是非的概念。這種方式也許能讓人獲得一時的成功，但終究是注定失敗的——這是因為這種方式與它想去運用的力量之間存在著衝突。

這種方式是讓「個體」去強迫「宇宙」、讓「有限」去對抗「無窮」。要獲得恆久的幸福安樂，最佳的方式就是有意識地與那不斷向前的「偉大整體（Great Whole）」協調合作。

❧本週練習內容

　　這週進行練習時，請進入「靜」的狀態，並專注於這個事實：「我們生活、動作、存留，都在乎他。」這段話其實說得非常實在且精確！你的存在是因為有「他」的存在。如果「他」是無所不在的，那麼「他」就一定也在你裏面；如果「他」存在於萬有之中，且「他」是一切，那麼你一定就在「他」裡面！「他」是靈，你則是依照「他的形象和樣式」所造成；你的靈與「他」的靈其實只有程度上的差異而已──整體的其中一部分，在類型與性質上必定會與整體完全相同。當你能徹底領悟這些事實時，就能探知思想創造力量的背後祕密、找到一切善惡的真正源頭、瞭解專注所能產生的偉大力量、並獲得能解決一切問題的萬能鑰匙──不管是身體、財務還是環境層面。

ðŸ“– 測一測你的理解力

（看題目時請遮住解答。請先完成本測驗再開始新一週的進度。）

Q1 如何才能得到力量？

Ans. 要對力量有所認知，並且加以運用。

Q2 所謂的認知是什麼？

Ans. 意識到它的存在。

Q3 如何能意識到力量的存在呢？

Ans. 透過思考。

Q4 人生的真正要務是什麼？

Ans. 能正確地、以符合科學的方式思考。

Q5 什麼是「符合科學的思考方式」？

Ans. 有能力順應宇宙的意志，而調整自己的思考流程。換句話說，就是能與自然律彼此合作。

Q6（承上題）要怎樣才能做到？

Ans. 要對與「心靈」相關的各種原則、可用之力、實作方法與各種組成，有清楚而完整的認知。

Q7（承上題）這裡說的「心靈」是什麼？

Ans. 宇宙萬物的基本事實。

Q8 一切缺乏、限制、疾病與失調的狀況的原因為何？

Ans. 這也是相同法則的運行結果；如果想著缺乏、限制、失調，那麼就會發現其果實滿於手中；如果我們想著貧窮、不快樂或疾病，這些思想信差們也必定會一視同仁地帶來所召喚的事物。

Q9 靈感是什麼？

Ans. 靈感是一門要去體悟那無所不在、無所不能之力的藝術。

Q10 我們所經歷的際遇是取決於哪個要素？

Ans. 取決於思想的品質。因為我們只能做到所「是」的程度，
而我們「是」什麼，是取決於我們的思想。

勇於追求最高境界

Charles Haanel 給你的信

　　很榮幸隨函附上第二十一週的課文。在課文中的第七段中，你將瞭解獲取成功的一大祕密，通往勝利之路的一大途徑、以及過往聖賢們的一大共通成就──那就是：他們都有著偉大的思想。

　　在第八段中你將瞭解：進入意識之中的任何思想，不論其停留時間是長是短，都會在潛意識中烙下印記，而創造能量就會以這個印記為樣本，織造出我們的人生與環境。「禱告」的神奇力量也就是源自於此。

　　我們知道宇宙是由各種定律法則所管控。每一

個「果」都必有其前因，而在同樣的條件下，同樣的「因」必定會產生同樣的「果」。

因此，如果你的禱告曾被應允，那麼所有的禱告就會被應允。這一點是無庸置疑的，因為若非如此，宇宙就不成宇宙，而會是一片的混沌。所以，宇宙對禱告的回應也是依循著宇宙律，而這條宇宙律就如同負責管控重力或電的各種定律一般，是非常絕對、精準而科學的。若能體悟這個法則，就能使宗教脫離迷信與盲從，而能以符合科學原則的認知為其穩固的基石。

然而不幸的是，真正知道該如何禱告的人少之又少。

大多數人都知道世上存在著關於電、數學、化學等領域的種種法則，然而不知為何，他們卻從未想過世間也有關於靈性的法則存在著，而這些法則也同樣明確的、精準、符合科學，且無時無刻都在精確地運作著。

獲得「力量」的最大祕密，就在於對力量有所認知。「天地之心」不受任何侷限，因此，我們越能意識到自己與祂的一體性，就越是不會去意識到外在的條件與限制；而一旦我們能擺脫各種條件限制，就能體悟自己也同樣不受任何侷限。這時我們就自由了！

　　就在我們開始能意識到內在世界那無盡力量的當下，就能開始汲取這種力量並應用它，從而發展經由這種覺察而發現的各種可能性——因為不管我們意識到什麼，所意識到的一切都必定會顯現在客觀世界之中，以有形實體的樣貌呈現。

　　這是因為「無窮心靈（Infinite Mind）」——也就是宇宙萬物的根源——是個不可分割的整體，而所有個體都是讓這「永恆能量（Eternal Energy）」得以彰顯的管道。我們的「想」這個能力，讓我們能影響此一「宇宙原始物質」；而我們所想的一切，都會在客觀世界中創造出來。

　　這項發現造就了非常神奇的結果，而且我們也由此得知「心」的質地卓越、數量無限，且蘊藏著無窮的可能。當人能對此力量有所認知時，他就成為「通上電的電線」，而其結果會像用一根普通電線去接觸通上電的電纜一般。宇宙就是通上電的電纜，祂具備的能量足以解決任何人在人生中可能經驗的任何問題。當人的心靈接觸到「天地之心」時，就會接收到所需的全部能量。這就是所謂的內在世界。各種科學都已開始接受這個世界的真實性，並承認一切力量皆源於對這個世界的認知。

　　一個人排除各種不完美狀況的能力高低，取決於他採取

心靈層面行動的能力，而心靈層面的行動則取決於對力量之源的認知程度；因此，我們對自己與一切力量之源的一體性有越深的體悟，就越有能力掌控一切外在條件。

恢弘偉大的想法有排除一切較低微想法的傾向，因此，要讓心中總想著夠宏大的思想意念，這樣才能與一切低微或你不想要的想法對抗，並且消滅它們。這麼做可以將你的旅途上那些瑣碎煩人的障礙物全部搬開，而你也將能意識到一個更龐大的思想世界，並藉此提昇你的心智能力，讓自己能在適當的位置上，完成一些有價值的事。

✍ 獲取成功的一大祕密

這就是獲取成功的一大祕密、是通往勝利之路的一大途徑、也是聖人先賢們的一大成就——他們都有著偉大的思想。對心靈的創造能量而言，要處理大規模的狀況並不會比處理小規模的狀況困難。無論是無限大或無限小的事物，「心」都同樣充溢其中。

當我們領悟關於心靈的這種種事實之後，就會知道只要我們能在意識中創造出相同的條件與狀況，就可以為自己造就出那樣的現實。這是因為進入意識之中的任何思想，不論其停留時間是長是短，都會在潛意識中烙下印記，而創造能量就會以這個印記為樣本，織造出我們的人生與環境。

我們的外在狀態就是這樣造就而成的；而由此也可發現，我們的人生都不過是自己的主導思維——也就是心態——的映射物而已；由此可知，關於「正確思想」這門科學是世間

最重要的學問，它包含了所有其他學問。

透過這門科學，我們瞭解到一切思想都會在腦中烙下印記，這些印記會造成心智層面的各種傾向，而這些傾向則塑造了人格、能力與人生目的；人格、能力與人生目的所引領的行動，則總結而決定了你我的人生際遇。

這些際遇是透過「吸引力定律」而來到生命之中；就是因這條宇宙律的作用，我們才能在外在世界中，經歷與我們內在世界相符的種種際遇。

主導思維（或心態）就像磁鐵一樣，而「同性相吸、物以類聚」是宇宙律；因此，人的心態如何，就必定會吸引與其本質相符的際遇。

這裡說的「心態」就是我們的人格，而它是由我們長久以來在心靈之中創造的種種思想所組成；因此，如果我們想改變際遇，首要之務就是改變我們的想法。當想法改變，心態就會改變；當心態改變，人格就會改變，而外在的人、事、物或人生中的各種際遇也將隨之改變。

然而，要改變心態並不容易，不過只要願意持續付出努力，就必定可以做到。「心態」是由描繪在腦中的種種心靈圖像組合而成，如果不喜歡圖像的內容，那只要把它毀掉，再重新畫一幅新圖像即可，這也就是「視覺化想像」的技術。

只要你這麼做，就會開始吸引新的事物，而這些新的事物必定會符合你所描繪的新圖像。請這麼做：在心中為你希望能夠具體化的願望，描繪一幅完美的圖像，然後讓這幅圖像持續留駐在心中，直到得到期望的成果為止。

如果你的願望需要決心、能力、才智、勇氣、力量或一切其他的靈性力量，那麼這些力量就是你的完美圖像的必備要素。請將它們也一併描繪進去，它們都是這圖像的重要組件，它們就是能與思想結合的感受，一旦思想與感受結合，就會產生一種無可抗拒的、能將你所需之物吸引過來的磁力。這些靈性力量能賦予圖像生命，而生命意味著成長，一旦它開始成長，其結果幾乎是可以確定的。

❧ 追求你可能達到的最高境界

不要遲疑，直接去追求你可能達到的最高境界，因為所有的心靈力量都隨時準備著要借力給有明確人生目的之人，幫助他們將所欲追求的最高境界化為實際的行動、事件與成就。

我們可以透過「習慣」的養成方式，來說明這些心靈力量是如何運作。我們開始做某件事，然後一而再、再而三，最後這件事會變得很簡單、甚至幾乎是全自動進行；要戒掉壞習慣也可以運用同樣的規則：我們停止做那件事，然後一次又一次地避免去做那件事，直到完全從中解放為止。如果在過程中偶爾失敗，也不需因此而絕望，因為宇宙律是絕對的、是無可匹敵的，而且祂也會因我們所付出的每一分心力、獲得的每一次成功而給予肯定——即便我們只是斷斷續續付出心力與獲得成功。

這項宇宙律能為你完成任何事；要勇敢堅信自己的理念、要切記自然界會依你的理想而塑化成型，在想著你的理想時，

要如同它已經實現一般。

人生的最大戰役，乃是理念上的戰爭，而這種戰爭往往是由少數人對抗多數人；戰場的一方是建設性與創造性的思想，而另一方則是破壞性與負面的思想。創造性的思想是以「理想」為統帥，而被動性的思想則為「表象」所統御；這雙方的陣營中都有許多科學家、文學家與實務家。

在創造性陣營的人們會把時間花在實驗室中，或使用望遠鏡與顯微鏡進行研究，與他們並肩作戰的則有掌握金融、政治、科學領域的成功人士；而在負面陣營中，則滿是把時間花在鑽研律法與習俗之上的人、錯把神學當作宗教的人、錯把權力當作其權利的政客，還有數以百萬計的那些偏好因循舊規更甚於進步發展的人——這些人總是往後看而非向前看，這些人只看得到外在世界，卻對內在世界一無所知。

分析到最後，會發現世界上只有兩種人，而每個人都會需要選擇自己的陣營。你要不就是往前進，要不就是往後退；在一個不斷變動著的世界裡，沒有「原地不動」這回事。各種恣意妄為且不平等的陳規陋習，就是因為有太多希望維持現狀的人們存在，所以才能獲得認可與權力。

由隨處可見的動盪局面，就可以確知我們存在於一個變動的時代之中。人類的抱怨聲就像天上雷鳴一般，剛開始是低沉而威嚇的悶響，之後聲音逐漸擴大，穿過雲朵，閃電隨之劃破天地。

在工業、政治和宗教界的最前線崗哨巡邏的哨兵們，都焦慮不安地彼此呼喚著：夜裡如何？[註1]他們所佔據並努力守

護的據點，所面對的危機已越來越顯著；而當一個新時代的黎明升起時，就是在宣告既有的秩序無法長存。

新舊體制的爭端、社會問題的糾葛，完全都是因人類對於宇宙本質的信念所造成的問題。一旦他們能體悟宇宙之靈的卓越力量就存在於每個人的心中，所制訂出的法律，就會以多數人的自由和權利、而非少數人的特權為考量。

只要人們仍認為宇宙能量是一種非屬人類所擁有的陌生能力，那些特權階級就更容易無視於社會的任何抗爭，而繼續假借神權來進行統治之實。因此，民主的真正要義，是在於提升、解放並認知人心俱足的神性，以及去瞭解一切力量都源於內在，而除非是他人自願授權，否則沒有人會比他人擁有更多的權力。舊體制要我們相信法的地位高於立法者，並使「上帝揀選之人」這種宿命論成為約定俗成的教條；種種因特權與不平等所帶來的罪惡，根源就在此處。

這個「神聖心靈（Divine Mind）」就是「天地之心」，對祂而言沒有例外，也沒有偏好，祂行事並不會反覆無常，也不會因憤怒、嫉妒或為了懲罰而做任何事；祂也不會接受恭維、誘騙或因憐憫人的祈求，而將這人認為要得到快樂——甚至只是要繼續生存——會需要的事物提供給他。「神聖心靈」不會例外施恩給任何人，然而，如果一個人能瞭解與體悟自己與宇宙原理的「一體性」，那麼這時他看起來會如同受到上天恩寵一般，因為他已找到健康、財富與力量的源頭。

❧ 本週練習內容

　　這週練習時，請專注在「真理」之上。試著去領悟「真理」將使你得到自由，意思是，一旦你開始學習應用各種正確的思考方式與原理，就沒有任何事物能長久地阻擋你得到完美的成功。去領悟「你正在將與生俱來的靈魂潛能，具現化於有形環境之中」。去領悟「在『靜』之中提供了隨時備妥、且幾乎無窮無盡的機會，能讓你喚醒對『真理』最高層次的認知。」試著去理解那「無所不能之力」本身就是絕對的靜，而其他一切則都是變、動、與侷限。因此，「寂靜的專注思想」才是能觸及、喚醒、進而展現內在世界中偉大潛力的真正法門。

🐾 測一測你的理解力

（看題目時請遮住解答。請先完成本測驗再開始新一週的進度。）

Q1 獲得力量真正祕密是什麼？

Ans. 就是對力量的認知，因為只要是我們能意識到的，都會在有形世界中化為實體。

Q2 這個力量從何而來？

Ans. 那一切皆由祂而出、唯一而不可分割的「天地之心」。

Q3 這個力量是如何而得以呈現？

Ans. 祂以每個個體為管道，差異化而形成不同形體。

Q4 要如何才能與這股無所不能的力量相通？

Ans. 透過我們的思想。我們的「想」這個能力，讓我們能影響此一「宇宙原始物質」；而我們所想的一切，都會在客觀世界中創造出來。

Q5 這項發現造就了什麼成果？

Ans. 為人類開啟了前所未有的、無窮的機會與可能。

Q6 我們如何能排除不理想的狀況？

Ans. 去意識自己與一切力量之源的一體性。

Q7 聖人先賢們與一般人的最大差異是什麼？

Ans. 他們有偉大的思想。他們心中總想著夠宏大的思想意念，因而能將旅途上那些瑣碎煩人的障礙物全部摧毀。

Q8 人生的經歷體驗是如何來到生命之中？

Ans. 是依循「吸引力定律」。

Q9（承上題）這個定律是由什麼來啟動而開始運行？

Ans. 我們的主導心態。

Q10 新舊體制之間的爭端何在？

Ans. 在於對宇宙本質的信念不同。舊體制提倡「上帝揀選之人」這種錯誤教條；新體制則認知每個個體的神聖性而倡議民主。

健康之源

Charles Haanel 給你的信

　　透過第二十二週的課文，你將能瞭解「思想」是有靈性的種子，當種子被植入潛意識後，就會發芽、生長；不幸的是，其果實往往不是我們所期望的。

　　各種發炎、麻痺、神經緊張與罹患疾病的症狀，一般來說都是恐懼、擔心、焦慮、嫉妒、憎恨等這類思想所造成的。

　　生命的進程，是由兩種不同活動所構成：其一是取得與運用各種有營養的物質，而成各種細胞；其二則是分解與排泄廢棄物。

Charles Haanel

275

所有的生命，都是根基於這種建設與破壞的活動；而由於要建構細胞，只需食物、水與空氣即可做到，若由此觀之，要延長生命應該不會是太困難的事。

　　然而奇怪的是，上述的第二種，也就是破壞性的活動，往往是一切疾病的成因，且這一點少有例外。體內的廢棄物不斷累積而充滿在組織之中，因而導致自體中毒。這種現象可能發生在局部，也可能發生在整體；若是前者，會導致局部的不適，若是後者，則會影響人體的整個系統。

　　因此，就疾病的治療這方面來說，問題是在於如何能讓充滿生命力的能量，在人體之中有更多的流量與更廣的流動範圍；而要做到這一點，唯一的方式就是消除恐懼、擔憂、焦慮、嫉妒、憎恨等所有破壞性的思想——因為這些思想會對負責排除體內有毒物質與廢棄物的神經與腺體造成破壞。

　　營養食物與強身補品都無法賦予生命，因為它們都不過是生命的次要化體而已；而在本週的課文中，將詳細說明生命的主要化體為何，以及你要如何才能與其相通。

Charles Haanel

知識無價，因為我們可經由運用知識，將自己的未來塑造成自己希望的樣貌。當我們領悟到自己目前的人格、環境、能力、健康狀態，都只是過去思考方式所造成的結果時，應該就會開始對知識的價值有些許的概念。

　　如果我們的健康狀態未達預期，就要檢查一下自己的思想；我們必須牢記：每一個想法都會在心靈之中烙下印記，而每個印記都如同種子一般，會埋入潛意識之中並形成一種傾向。這種傾向會吸引其他與之相似的思想，而在不知不覺之中長出我們必須收割的果實。

　　如果我們的思想中帶有罹病的種子，所收穫的就會是不適、退化、衰弱與機能的喪失。所以問題就是：我們在想些什麼？我們在創造些什麼？我們將會收割到什麼？

　　如果有需要改變的健康問題，那麼掌管「視覺化想像」的宇宙律會非常有幫助。在心中描繪最理想的健康狀態，並讓此圖像時刻停駐在心中，讓它被意識完全吸收。已經有很多人透過這個方法，在短短數週之內解決了宿疾的困擾；也有數以千計的人們運用這種方式，在幾天、甚至幾分鐘之內就消除了各種一般性的身體狀況。

　　人心是藉由「振動律」而能對身體施行此種掌控。我們已經知道，每一個心靈活動都是振動，我們也知道一切的有形實體都只是一種運動的模式、一種振動頻率，因此，所提供的任何振動都會立刻對體內的每個原子進行調整，每個細胞都會受到影響，而使所有細胞群產生化學變化。

　　宇宙萬物會是現在的樣貌，都是其振動頻率所造成。只

要改變振動頻率就可以改變其性質、形體、與質地。整個自然界——包括有形與無形世界——都一直在透過改變振動頻率的方式而不斷變動，而既然「思想」也是一種振動，那麼我們就也能運用這種力量。我們可以透過改變振動的方式，造就自己希望的身體狀態。

其實我們每分每秒都在運用著這個力量。問題在於，大多數人都是在不經意之下運用這力量，因而造就出各種自己不想要的後果。所以，真正的問題是在於如何聰明地運使這股力量，使其只造就我們想要的成果。要做到這件事應該不困難，因為我們過去的人生經驗，都已足以讓我們知道哪些事物會讓我們的身體產生愉悅的振動，同理，我們也能知道哪些因素會導致各種不愉快或不合意的感受。

所以，我們唯一需要做的，就是以過去的經驗為師。過去每當我們想著高層次、積極、建設性、勇敢、崇高、仁慈等諸如此類的思想時，就會發出某種振動，而帶來某些特定的結果；而每當我們滿腦子都是羨慕、嫉妒、憎恨、批評或任何其他失調的思想時，也會發出某種振動，而帶來另一種性質完全不同的結果。不論是哪一種振動頻率，如果讓它繼續下去，就必定會化為有形實體。如果是方才提到的第一種狀況，那麼會得到的結果就是身心的健康；而如果是第二種狀況，那麼就會導致身心失調與疾病。

心靈對身體的影響力

至此，我們可以稍稍瞭解人的心靈所擁有的、對身體的

影響力。

我們已經觀察到數種客觀心對身體造成影響的實際案例：當某人對你說了些好笑的事的時候，你會大笑，甚至笑到全身顫抖的程度——這表示思想能控制你體內的肌肉；當某人對你說了些會激起你的同情心的故事時，你雙眼會盈滿淚水——這表示思想能控制你的淚腺；當某人對你說了些會讓你生氣的話時，你的血液就會流向臉部，使你滿臉通紅——這表示思想能控制你的血液循環。然而，雖然這些狀況都是客觀心能控制身體的實例，但是在這些例子中，其結果都只是暫時性的，它們很快就會消逝，而恢復為原本的狀態。

我們來看看潛意識對人體的作為有何不同。當你受傷時，數以千計的細胞就會立刻開始進行治療；在幾天或幾週之內，治療工作就會完成。甚至骨折時也是一樣。現今世界上還沒有任何手術能夠直接將骨骼接上（使用鋼條或其他裝置來強化或取代骨骼的方式不算）。醫生頂多能幫你把骨骼調正，但之後主觀心就會接手，立刻開始進行接合斷裂骨骼的程序；一段時間之後，骨骼就會恢復到往昔的堅韌。如果你喝下了毒物，主觀心馬上就會察覺危險，並以非常激烈的方式排除毒物。如果你感染了危險的病菌，主觀心會立刻著手在感染區域四周建構出一堵圍牆，並透過它所提供的白血球吸收被感染的部位，進而消除感染。

這些由潛意識進行的工作，一般都是在不需我們的知識與指揮的狀況下自動進行的，而只要我們不去干擾，那麼結果都會非常完美。然而，由於這數以百萬計的修復細胞是有

智能的，它們會回應我們的思想，因此，它們常常會因我們的恐懼、懷疑、焦慮等思想的影響，而麻痺並失去應有的功能。它們就像一群蓄勢待發、準備要去完成一件重要工作的工人，如果每當他們開始動工時，就要求他們停工、或告訴他們計畫有所變動，他們一定也會覺得沮喪，最後放棄。

通往健康的道路，是奠基於一切科學的基礎──「振動律」之上，而這條宇宙律的運行，則是由心靈、也就是「內在世界」來牽引。這種牽引則關乎個人的努力與練習。我們的力量全都在於內在世界；所以如果我們夠明智，就不會浪費時間忙於處理顯現於「外在世界」中的各種果效，因為那都只是表象、只是一種映照。

改變因才能改變果

在「內在世界」中，我們必能找到真正的「因」；而改變「因」，才能改變「果」。

你體內的每個細胞都具有智能，會回應你的指揮。所有的細胞都是創造者，會依照你提供的圖樣進行創造。

因此，只要能把完美的圖像提供給主觀心，那麼各種創造能量就會群起而建構出完美的身體。

腦細胞的建構方式也是如此。大腦的性質取決於心靈的狀態；因此，如果不合宜的心態進入了主觀心，那麼接下來這些心態就會被傳送到身體之中；由此可知，如果我們希望身體能展現健康、強壯與充滿活力等性質，那麼自己的主導思維就必須帶有同樣的性質。

我們知道，人體的每個部位都是因振動頻率的不同而形成。

我們知道，心靈的活動是一種振動。

我們知道，較高頻的振動能抑制、修正、控制、改變或消除較低頻的振動。

我們知道，振動頻率的高低取決於腦細胞的性質。

我們也知道如何創造這些腦細胞；因此……

我們可得知如何讓身體產生我們希望的變化。而當對心靈力量的實用方式達到這種程度的瞭解時，我們也因而明瞭，自己能與無所不能的宇宙律達到何種程度的協調一致，事實上幾乎沒有任何限制。

這裡提到的心靈對身體的影響或控制力，已越來越廣為人知，而且許多醫生們都開始對這個課題投注大量心力。艾伯特‧蕭菲爾（Albert T. Schofield）醫生就針對這個主題寫過多本重要著作，他說：「一般而言，在醫療上心靈療法（Mental Therapeutics）仍受到忽視。在我們的生理學中，並沒有任何關於這股能掌控整個身體的中樞控制力量的相關資訊，而心靈對身體的影響力這個議題也鮮少被提及。」

有許多醫生能明智且有效地處理各種功能性的神經疾病，這一點是無庸置疑的；然而我們要強調的是，他們所使用的方式往往並非習自於學校或書籍，而是出於直覺或經驗。

狀況不該是如此，每一所醫學院都應將心靈療法的力量視為一個重要、特殊而科學的科目才對。我們還可以去追究誤診或醫療短缺的問題，並揭發各種因醫療疏失而造成的悲

慘狀況，但這麼做將會惹人不快。

毫無疑問，只有極少數的病人知道自己能幫自己多大的忙。一個病患能為自己做些什麼、以及他所能運用的力量有多大，至今仍鮮為人知。我們傾向於相信這力量比大多數人想像的都來得強大，而且必定會越來越廣為人們所運用。透過心靈療法，病人可以自行引導自己，經由激發喜悅、希望、信念、愛等感受、找出盡力康復的動機、進行規律的心智活動、以及轉移對病痛的注意力等方式，使其心靈平靜下來。

🐦 本週練習內容

　　這週進行練習時，請專注於丁尼生（Tennyson）[註1] 的美妙詩句：

　　「你們當向他開口，因為他必聆聽，而靈與靈因而得以相遇。他比你的氣息更靠近你，比你的手足更加接近。」請試著體會：當你真的「向他開口」時，就能與那無所不能之力相通。

　　對這股無所不能的力量的認知與體會，將能迅速地消除任何形式的疾病與苦難，並以和諧與完美取而代之。然後，要以那些認為疾病與苦難是上帝所賜與的人們為鑑，因為若真是如此，那麼所有的醫生或紅十字會的每一位護理人員就都在違抗上帝的旨意；醫院與療養院則都不再是慈悲之所，而成為叛亂基地了。我們當然很快就能論證出那種想法的荒謬，然而，世上卻有很多人還懷著這種觀念。

　　然後，請思索這個事實：從古至今，神學一直在教導著一個令人無法接受的造物主的存在，那個造物主創造出有能力犯罪的人類，然後允許他們因所犯之罪而受到懲罰。這種極端無知的觀念，必然的結果就是造成恐懼，而非愛；而在傳講這種觀念兩千多年之後，使得現在的神學必須要忙著為宗教界的荒謬而道歉。

　　如此，你將更能欣賞完美的人類——依上帝的形象而造的人，你也將更懂得感謝那形成、支撐、維持、化育與創造一切的萬物之源。

註1. 丁尼生（Alfred Lord Tennyson），英國維多利亞時代最傑出的詩人之一。

∂ 測一測你的理解力

（看題目時請遮住解答。請先完成本測驗再開始新一週的進度。）

Q1 如何才能消除疾病？

Ans. 讓自己與全能的「自然律」進入和諧一致的狀態。

Q2（承上題）其程序是什麼？

Ans. 要瞭解人類是一種靈性的存在，而這個靈性存在本身必定是完美的。

Q3（承上題）做到這一點之後會帶來什麼成果？

Ans. 在瞭解了這種完美之後（先是知識上，再來是情感上的體悟），就會使這種完美在有形世界中化為實體。

Q4（承上題）為何會如此？

Ans. 因為思想是靈性，因此具有創造力量，能與思想標的產生關連，並使其化為實體。

Q5（承上題）在這過程中啟動了哪一條自然律？

Ans. 振動律。

Q6（承上題）為何這條自然律會適用於此？

Ans. 因為較高頻的振動能抑制、修正、控制、改變或消除較低頻的振動。

Q7 這種心靈療法已經受到大眾認可了嗎？

Ans. 是的。在這個國家中已經有數百萬人以各種不同的型態在使用這種治療方式（當然在全世界就更多了）。

Q8 這種思想系統帶來什麼效果？

Ans. 這是有史以來第一次，人類最高的論證推理能力，可以藉由這種快速散播至全世界的、可論證的真理而得到完全的滿足。

Q9 這個系統對其他方面的供給也適用嗎？

Ans. 它可以滿足人類的任何需求。

Q10 這個系統是科學還是宗教？

Ans. 兩者皆是。真正的科學與真正的宗教是攣生姊妹，彼此相隨。

成功之鑰

Charles Haanel 給你的信

　　很榮幸隨函附上本週課文。在課文內容中，你將瞭解「金錢交織於人生這塊布料之中」、「成功的法則在於服務」、「我們給出去什麼，就會得到什麼」，因此應將「能夠給予」視為一種殊榮。

　　我們已瞭解，「思想」是所有成功企業背後的創造性活動；因此，沒有任何其他事物的實用價值能超越我們的思想。

　　注意力是創造性思維的必要條件，且我們已發現集中注意力時產生的力量，就是那些非凡人士們所擁有的武器。集中注意力可產生專注力，而專注

287

力能造就靈性力量，靈性力量則是世上最強大的力量。

　　這是含括所有科學的一門學問，也是最與人生息息相關的藝術。只要掌握這門科學與藝術，就能獲得無止境的成長機會。要在這方面達到爐火純青的境界，六天是做不到的，六週，六個月也沒辦法——這是一輩子的事，而且也如同逆水行舟一般，不進則退。

　　若懷抱著積極、建設性、無私的想法，將能產生深遠的正面影響，這一點是無庸置疑的。當送出某些東西之後，就必須收到某些東西，若非如此，則將會產生真空狀態。

　　只要遵循這個法則，你在過程中付出的辛勞就必定會獲得對等的益處。

「金錢意識」是一種心靈狀態；它是通往金錢渠道的大門，它是一種處於接收狀態的態度。人的「渴求」就是能使這渠道中的金錢開始流動的吸引力量；而「恐懼」則是最大的障礙物，能使金錢停止流動，甚至反轉而離我們遠去。

「恐懼」就是「金錢意識」的反面——也就是「貧窮意識」。由於「我們會得到自己給出去的」是一條不變的宇宙法則，因此，如果我們恐懼了，就必定會得到所恐懼的事物。如果人生是一塊布料，金錢就是交織於其中的絲線，它會聽命於偉大心靈的偉大思想。

ॐ 成功的第一法則

我們是透過交朋友來賺取金錢，而藉由替朋友賺取金錢、幫助他們、為他們服務，我們的人際圈則將更進一步擴大。因此，成功的第一法則就是「服務」，而服務則需建構在「誠信」與「公平」之上。一個在起心動念時就有不誠實念頭的人，是非常無知的人，因為他已違反了交換的基本法則。這樣的人不可能成功，他將必然失敗；他自己可能沒有察覺，他可能甚至以為自己贏了——然而他最終的挫敗卻是註定的。人是無法欺瞞無窮宇宙的，「補償律」將會對他「以牙還牙、以眼還眼」。

生命中的各種力量都是無常的，它們都是由你我的思維與理念所組成，進而形塑為各種有形實體。我們的功課則在於要時刻保持敞開的心、要去接觸各種新事物、要去找出新的機會、要專注於享受過程而非結果，因為喜悅是來自追求

的過程，而非在於最終的擁有。

你可以把自己變成一顆吸錢的磁鐵，但是在這之前，你必須先想想如何能幫其他人賺錢。如果你有足夠的洞察力，能夠看到並掌握各種機會與時勢，並能判斷出價值，那麼你當然可以只用在自己身上，為自己帶來利益；不過，如果你能用這樣的能力協助他人，那麼最偉大的成功就會來到。對一人有益之事必定對全體有益。

博愛的思想充滿著力量與生命，自私的思想則蘊含著衰亡的種子，必將解體而消逝。世上的大金融家們都只是財富的配送渠道而已；大量的金錢來來去去，但出口堵塞其實跟入口堵塞一樣危險──通道的兩端都必須保持暢通才行；所以，當我們能體悟「予」與「取」其實同樣重要時，最偉大的成功也將到來。

如果我們能認識那個能供給一切的全能力量，就能進而調整自己的意識，而使意識本身就能不斷地吸引所需的一切事物，而我們也會發現，自己付出越多，就會得到更多。這裡說的「付出」指的是「服務」。銀行家付出他的金錢、商人付出他的貨品、作家付出他的想法、工人付出他的技能；他們都付出了某些東西，但他們給出去得越多，得到的就越多，而他們得到越多，也就能再給出去更多。

金融家能擁有這麼多，是因為他付出很多。他會願意思考──這樣的人很少是那種肯讓其他人來幫他做「思考」這件工作的人。他會想知道如何得到某種成果；你必須能對他說明清楚，而如果你能做到這一點，他就會提供能讓數百甚

至數千人受惠的管道。當這些人獲得成功時，他也將獲得等比的成功程度。摩根、洛克斐勒、卡內基等人並不是藉著讓他人損失金錢的方式成為鉅富，而是正好相反，他們是因為能幫其他人賺到金錢，因而能成為世界上最富有的國家中最富有的人。

平庸的人完全不瞭解深度思考的重要性；這種人會直接接受他人的想法，然後再說出來，就像鸚鵡一樣。如果我們知道用來操弄民意的那些手法，就會發現前述的現象確實存在；而許多國家之所以會發生少數人霸佔所有權力的情況，其實也就是因為大多數人都採取著溫順的態度，撒手讓那少數人幫他們做思考這件工作。

注意力集中時所產生的能量稱為「專注力」，這股能量是由人的意志來指揮；因此，我們應拒絕去想、或專注於我們任何非我們所欲的事物。許多人一直都專注於憂傷、損失或各種不協調的狀況；由於思想具有創造力量，因此如果專注於這些狀況之上，就必然會帶來更多損失、更多憂傷、更多不協調的狀況——難道還會有其他的結果嗎？而反過來說，當我們得到成功、獲得收益、或發生了某些我們喜歡的狀況時，自然而然地，我們就會專注在這些事物上，而因此造就更多類似的事物，這也就是「富者越富」的道理。

如何實際運用在商業領域

關於瞭解此一原則之後，要如何實際運用在商業領域之中這個問題，我的一位朋友說得好：

「靈性這個東西，不管祂是或不是任何其他事物，我們都必須視之為『意識的本質』、『心靈的實質』、隱藏於思想之下的實體。由於一切意念都是意識、心靈、或思想活動時所處的不同相位，因此，在靈性之中可以——也唯有在靈性之中才可以——找到最終極的事實、真相、或真理。」

　　若能接受這個觀念，那麼如果我們說：尋求透徹瞭解靈性、以及靈性彰顯於有形世界時依循的種種法則，乃是一個「務實」的人所能做的最「務實」的一件事，不也是非常合理嗎？而如果全世界所有「務實」的人們都瞭解了這個事實，他們必定會爭相前往能讓他們獲取關於靈性世界與靈性法則的知識之處，這不也是可以肯定的事嗎？這些人都不是傻瓜，他們只需瞭解這個最基本的事實，就會朝向這一切成就之源大步邁進。

　　舉一個實際的例子。我認識一位住在芝加哥的男士，長久以來我都認為他是個相當唯物的人。他在人生中造就過多次的成功，也經歷過數次的失敗。我前一次與他聊天時，與他之前的事業狀況相比，他基本上是處於諸事不順的狀態下，幾乎可說是山窮水盡了。因為他已進入中年，相較於之前的歲月，他發想出好主意的速度變慢、也比較不這麼頻繁了。

　　他對我說：「我知道在商業上，一切可行的方法都是『思想』的產物；就算是傻瓜也知道這一點。現在我最缺的似乎也就是想法與好主意。不過，如果關於這個『全知之心』的教導內容是正確的，那麼應該就表示人可以與那個『無窮心靈』直接連線；在那個『無窮心靈』中，應該存有各種各樣

的好主意，是像我這種既有勇氣又有經驗的人，能拿來實際運用在商業領域上，並造就出偉大的成就的。這看來蠻適合我的，我會仔細研究這個。」

這是數年前的對話。前幾天，我再次聽到這位男士的消息。在跟一個朋友聊天時，我說：「不知道我們的老朋友某某人最近如何？他的狀況有比較好嗎？」那位朋友很驚訝地看著我，說：「你不知道他最近的豐功偉業嗎？他現在是某某公司的主導者（一家在最近 18 個月之間掀起一股旋風的公司，這家公司因為橫跨全國並進軍海外的廣告行銷而廣為人知）。他就是為這家公司提供創意的人。他已經創造超過 50 萬美金的盈餘，而且還在快速地往 100 美金邁進之中；這些都發生在短短 18 個月之間。」雖然我對那家公司的巨大成功早有所聞，但我先前從未把那家公司跟那位男士聯想在一起。經過事後的查證，確認這個故事是正確的，而上述事實沒有任何誇張的部分。

你有什麼想法呢？對我而言，這表示那位男士真的與「無窮心靈」──宇宙的本靈──直接連上線了；而且，他不但找到了祂，還使其為他所用。他在他的事業中運用了這股力量。

這聽起來讓你覺得好像在褻瀆上天嗎？希望不會，那並非我的意思。如果把對「無窮宇宙」的既定觀念中，那些關於人格化的隱喻或被放大的人性部分拿掉，所得的就是一個無限的臨在力量（Infinite Presence Power），其精髓為宇宙意識（Consciousness），也就是宇宙本靈（Spirit）。你也應將這

293

位男士視為宇宙本靈所化育而成的一種樣貌，而既然他也是宇宙本靈，那麼讓他自己與其源頭和諧歸一，而使他也能展現出其本體的部份力量，又怎能說是褻瀆呢？其實每個人或多或少都在做著同樣的事，每當我們朝創造性思維的方向運用心靈時便是如此。這位男士則運用得更多一些，他以更「務實」許多的方式來應用這個力量。

我還未曾探詢過他所使用的方法，只要一有機會我一定會問他的；不過，他不但從「無窮供給（Infinite Supple）」擷取了所需的好主意（因而造就了他的成功），此外，他也運用思想的創造力量，為自己希望能以有形實體的型態出現的事物，建構出「理想模具（Idealistic Pattern）」，他三不五時添加、修改、調整其細節，使其由一開始的粗略草稿成為細節詳盡的完成版。我相信這就是他所做的，不只是因為幾年前的那次對話，也是因為我在其他多位同樣藉由創造性思維，而獲得類似成就的成功人士身上，都獲得同樣的發現。

那些畏於以無窮力量為助力，協助自己進行有形世界中的工作的人需要瞭解，只要那無窮力量對這過程有一丁點的反對，那麼事情就根本不可能發生。無窮力量有能力照顧好祂自己的。

「靈性」這門學問其實相當的「務實」、非常「務實」、極端地「務實」。它教導「靈性才是本體、是一切」；物質只是具有可塑性的東西，可由靈性依其意願來創造、塑型、操控與改變。關於靈性的學問是世界上最「務實」的東西──也是世上唯一真正「務實」的事物。

❧ 本週練習內容

　　這週請專注於這個事實上：人並不是一具有靈的軀體，而是擁有軀體的靈；也因此，他無法藉由任何不屬靈的事物，而獲得持久的滿足感。因此，金錢的唯一價值，僅在於能帶來我們希望的外在狀態，而這些外在狀態必定是和諧的。和諧的外在狀態必定會帶來充足的供給，因此，當經歷任何看似缺乏的狀態時，都應回想起「金錢的基本概念或靈魂在於服務」，而當這個思維化為實體時，就會開啟一切供給的通道，同時，你也將因體悟到「各種屬靈法門其實都非常務實」這件事而得到滿足。

❧ 測一測你的理解力

（看題目時請遮住解答。請先完成本測驗再開始新一週的進度。）

Q1 成功的首要法則是什麼？

　　Ans. 服務。

Q2 我們要如何才能提供最多的服務？

　　Ans. 保持一顆開闊的心；對過程感興趣而非結果、對追尋感興趣而非擁有。

Q3 自私的思想會導致何種結果？

　　Ans. 蘊含著衰亡的種子，所以必將解體而消逝。

Q4 偉大的成功是如何達成的？

　　Ans. 能認知「予」與「取」同樣重要的事實。

Q5 為何金融家們往往能獲得偉大的成就？

　　Ans. 因為他們願意自己做該做的思考。

Q6 為何在大多數國家中，多數人都抱持溫順的態度，而成了少數人操弄的工具？

　　Ans. 因為他們讓那少數人幫他們做思考這件工作。

Q7 如果專注在憂傷、損失之上會導致何種結果？

　　Ans. 會帶來更多憂傷與更多損失。

Q8 專注在收穫之上又會帶來何種成果？

　　Ans. 會帶來更多收穫。

Q9 這個法則可以運用在商業世界之中嗎？

　　Ans. 這是不論過去、現在與未來，在商業世界成功的唯一方式。雖然有些人是在無意之間運用了這個法則，但仍不影響這個事實。

Q10 如何實際運用這個法則？

Ans. 要瞭解這個事實：「成功是果而非因。如果要獲致某種成果，就必須先找到能創造出想要的成果的『因』、概念或思想」。

第 24 週

真理使人自由

Charles Haanel 給你的信

　　隨函所附的是第 24 週的課文，也是你的最後一堂課。

　　如果你有依照課文的建議，每天花幾分鐘時間做指定的練習，那麼你應已能瞭解到：只要先植作自己的願望，就必定能在生命中收割到你期望的一切；你也可能會認同一位學員所說的：「思想的力量幾乎是所向披靡的，它是如此浩瀚、如此豐沛，如此明確絕對，如此合乎情理，如此便於運用。」

　　此一知識所產生的果實乃是眾神賜予的禮物；它就是使人得以自由的那項「真理」──不僅讓人免

299

於缺乏與限制，也使人脫離悲傷、憂慮與擔心的禁錮。此外，能夠瞭解這法則並不對任何人有差別待遇，不論你目前的思想習慣如何，都能走上這條早已備妥的道路，這不也是很美妙嗎？

如果你比較喜歡宗教，那麼古往今來，世界上的偉大宗教導師們都已明白地揭示這條道路，讓眾人得以跟隨了；如果你比較傾向科學，這法則也具有數學般的精確性；如果你比較能接受哲學，那麼可以柏拉圖或愛默生為師。然而，不管走哪一條道路，你終將會達到一種無法以任何形式來侷限的能量境界。

我相信，對這項原理的體悟，就是古代鍊金師們竭力追尋的那個祕密，因為它能對靈中的黃金如何轉化為心中與手中的黃金，提出清楚的解釋。

在科學家們首度發表太陽是太陽系的中心，而地球則繞著它旋轉時，引起了大眾的驚訝與恐慌。這整個想法顯然大錯特錯。太陽的運行方式是再確定不過的事了：太陽是由西邊的山丘落下然後沈入海中，這是每個人都看得到的事實；當時的學者與科學家們也都一致駁斥這個理論，認為這種說法毫無邏輯可言。然而，隨著各種證據的出現，最終還是讓普羅大眾信服了這個事實。

我們說鈴鐺是一種「會發出聲音的東西」，但我們知道鈴鐺唯一能做的，就只是在空氣中造成振動而已。當振動達到每秒 16 次時，就成為心靈可以聽見的聲響。心靈也可以聽見頻率高達每秒 38,000 次的振動，然而一旦超過這個數字，則就又什麼都聽不到了。由此可知，聲音並不在鈴鐺裡面，而在我們自己的心靈之中。

我們會說、甚至真的以為太陽會「發出光芒」，但我們知道太陽其實只是發出一種能量，這種能量能在乙太中造成頻率高達每秒 40 兆次的振動，而形成我們所稱的「光波」；由此可知，我們所說的「光」其實只是能量的一種型態。所謂的光，其實只是這種波的活動在你我心靈中產生的一種感覺而已。隨著振動頻率的增加，光的色彩也會改變；當波長越短、振動越快時，色彩也會隨之改變。因此，雖然我們說玫瑰是紅色的、草是綠色的、天空是藍色的，但我們知道色彩僅存在於我們的心靈之中，且色彩乃是因光波振動所導致的感官體驗。當振動頻率降到低於每秒 4 兆次的時候，就不再是以光的型態影響我們，而是成為「熱」。由此可知，我們不

能依靠各種感官所接收到的資訊來判斷何謂「真實」，而若非如此，那麼我們應該到現在都還相信太陽繞著地球運轉、地球是平的、且繁星都只是天上的光點。

因此，任何形而上學中的一切理論與實務，其目的都在於讓你瞭解關於你自己、以及你所存在的這個世界的「真理」，並讓你瞭解：若要展現出和諧的狀態，就必須想著和諧；若要展現健康，就必須想著健康；若要展現出富足，就必須想著富足——而如果想做到這一點，就必須能反轉你的各種感官所收到的所謂確據。

一旦你體悟到一切疾病、不適、缺乏與侷限都不過是錯誤的思維所導致的結果而已，你便已體悟那個能讓你得以自由的真理。你將瞭解人是如何而可能移山。如果這些山岳都僅由懷疑、恐懼、猜忌或其他形式的阻礙所構成，那麼它們就一點都不真實，它們不但需要被挪開，還需要被「投在海裡」註1。

❧ 你最大的功課

你最大的功課，就在於要說服自己完全接受這些文句中的真理。只要能成功做到這一點，要思想真理便不會有任何困難；這時，就如同先前所說的：真理將會使自身化育成形，因為在祂之中有生命的原理。

能透過心靈法門療癒疾病的人，皆已悟得這項真理，他

註1. 作者引述《聖經》馬太福音 21:21，全文為：耶穌回答說：我實在告訴你們，你們若有信心，不疑惑，不但能行無花果樹上所行的事，就是對這座山說：你挪開此地，投在海裡！也必成就。

們並每日都在自己與他人的生命中展示這一點。他們知道生命、健康與豐足都是無所不在、漫佈於一切空間之中的；他們也知道如果有人允許疾病、或任何型態的缺乏顯現在有形世界之中，那都是因為他們尚未體悟這項偉大的法則。

由於一切外在狀態都是思想的創造物，也因此，它們都是心靈層面的存在。疾病、缺乏等狀況，其實都只是人沒能正確地認知真理而造成的；只要能把這謬誤之處除去，這些外在狀態也就會跟著消失。

要除去這種謬誤，方法就是進入「靜」之中並體悟「真理」；由於萬心為一心，因此你可以為自己，也可以為其他任何人做這件事。如果你已學會在心中描繪理想的心靈圖像的方法，那麼這就是要獲致理想成效最簡單、也最快速的方式；如果還沒有學會，那麼也可以透過自我論據（argument）的方式達到成效，其方法就是說服你自己，使自己能完全相信這裡的聲明的真實性。

請牢記這段聲明，而這也是世上最難理解、也最美妙的一段聲明。也請記得，不管是什麼困難，困難是發生在何處、有哪些人受到影響，你要幫助的對象都只有你自己，沒有別人。而你需要做的，除了說服自己相信你期望成真的真理之外，也再無其他。

這聲明是非常科學的，也完全符合世上各形而上學派的教導，而且除此之外也沒有其他方式可以獲致恆久的成效。

集中注意力、自我論據以及描繪心靈圖像、自我暗示等各種方法，都只是能幫助你領略真理的不同法門而已。

如果你想幫助某個人，想消除某種形式的缺乏、限制或謬誤，那麼正確的方式並非去想那個你想幫助的人；你只要有想幫助他們的心就足夠了，因為這能讓你與那個人產生心靈上的接觸。接下來要做的，就是把你心中所有與缺乏、限制、疾病、危難、困難或任何麻煩相關的信念全部清空。當你能做到這一點時，就能達到這成效，而那人也將得以自由。

　　然而，請切記思想是有創造力量的，因此每當你的思想停駐於不和諧的狀況時，都必須去領略這些狀況都只是表象，它們都不真實；唯有靈才是真正的真實，而且靈永遠都在最完美的狀態。

　　一切思想都是一種能量型態，都是一個振動頻率；但關於「真理」的思想，則是一種最高頻的振動，也因而能摧毀任何型態的謬誤，就如同光消滅黑暗一般。當「真理」出現時，就沒有任何型態的謬誤能夠繼續存在。因此，你的功課就完全在於要去體悟「真理」；而只要做到這一點，你就能克服一切缺乏、限制或疾病。

　　我們無法由外在世界獲得對真理的體悟，外在世界是相對的，而真理則是絕對的。因此，我們必須在「內在世界」才能找到真理。

❧ 絕對的真理

　　訓練心靈，使其僅看得見真理，外在世界就會展現各種真正真實的狀況；而從我們做到這一點的能力狀況，就可得知我們的進展如何。

絕對的真理是：真正的「我」是完整且完美的。真正的「我」是屬靈的存在，因此無法不完美；對祂而言不會有缺乏、限制或疾病。天才們靈光一閃的那一刻，並非是因大腦分子的運動而造成，而是來自那個與「天地之心」一體的靈性自我的啟發；一切的靈感與天才，也都是來自對這種「一體性」的體悟。像這種靈感與啟發的影響至為深遠，甚至對未來的世代都會造成影響，就如同火柱一般，為芸芸眾生標示出可依循的道路。

　　真理並非透過邏輯上的訓練或者實驗，乃至於藉由觀察的方式就能獲致的結果；真理乃是意識提昇之後的產物。凱撒大帝的真理展現於他的舉止、他的人生、他的行動之中，也展現在他對社會型態與社會進步等方面的影響之中。同樣的，你的人生、你的行為與你對世界的影響，也是由你對真理的體悟程度來決定，因為真理並不在種種教條之內，而是體現於行為之中。

　　真理會以人格的型態展現。一個人的人格，應是其宗教信仰、或對他而言的真理的詮釋；而這又反過來可以在他的人格中得到驗證。如果一個人抱怨其命運如海上扁舟，那麼他對自己也並不公平，因為即便真理就明明白白在眼前，而且有理有據無可辯駁，他彷彿還是認為他應拒絕接受。

　　我們所處的環境、以及人生中數不清的各種事件與狀況，都早已存在於潛意識人格之中，而潛意識人格則會吸引來那些與其本性相符的有形與無形原料。因此，我們的未來是由我們的現在來決定，而如果自己人生的任何領域或面相中存

在著不公不義，那麼我們就得要往內在去尋找成因，試著在心靈層面中，發掘出真正應該為這些外在狀況負責的事實。

能讓你獲得真正的自由的，就是這項真理；而能讓你克服任何困難的，也就是對這項真理的知識。

你在外在世界中遭遇的任何狀況，都必定是內在世界中發生的狀況所導致的結果，因此，只要讓理想的景象停駐於心中，就必定能使這景象實現於你所在的環境。

如果你總是只看見生命中的對比、侷限、不完整與不完美，那麼這些狀況就都會出現在你的人生之中；反之，如果你能訓練自己的心，讓自己能看見並領悟那屬靈的自我——永遠都完美且完整的那個真正的「我」，那麼會出現的就是各種對你有益的狀況。

由於思想具有創造的力量，而真理則是層次最高、最完美的思想，因此，去思考真理，也就等於是在創造正確的事物，而當真理出現時，一切謬誤也將因而消逝。

「天地之心」是存在於宇宙之間的所有心靈的總和。因為靈俱足智慧，所以「心」與「靈」其實是同義詞。

你必須克服的困難，是在於要去領悟「心靈並非單一的個體」這件事。心靈是無所不在的，祂存在於任何地方；也就是說，沒有任何一處是心靈不存在的地方。心靈遍布於整個宇宙之中。

從古至今，人類通常都使用「神」這個字來表示這個遍布於全宇宙的創造原理；然而，「神」這個字傳遞給人的意義並不正確。對大多數人而言，這個字代表的是他們自身以外

的某個事物，然而，其實事實正好相反。祂其實就是我們的生命。如果沒了祂，我們將會死去、將不再存在。就在靈脫離肉體的那一刻，我們就什麼都不是了。因此，靈才是真正的我們，全部的我們。

靈所具有的唯一機能就是思考的能力，而由於靈具有創造力量，因此，思想也必定具有創造力量。這種創造力量並不偏袒任何人，因此，你的「想」這個能力有多強，就能掌控這力量多少，並運使這股力量來為你自己與他人尋求福祉。

當你能理解、體悟這些文字敘述中的真理，並鑑別出其價值時，就掌握了一把「萬能鑰匙」。然而，請記得唯有聰慧明智到足以深切體悟、心胸開闊到能夠權衡實據、態度堅定到敢於堅信自己的判斷、且意志堅強到願意做出必要的犧牲的人們，才能進入這個殿堂之中，分享其中的寶藏。

🐾 本週練習內容

　　這週請試著去領悟：我們存在的這個世界真的是一個美好的世界，而你則是一個美好的存在；你有許多同類都正在覺醒之中，對關於「真理」的知識日漸體悟。只要他們覺醒，並獲得關於那些「為他們所預備的」的知識，那麼他們也將能體悟那「眼睛未曾看見，耳朵未曾聽見，人心也未曾想到的」[註2]——那僅為那些知道自己就處在「應許之地」的人們預備的輝煌。這些人跨越了批評論斷的河流，而到達能明斷真偽之地，並發現他們過去曾意圖或夢想擁有的一切，與這燦爛炫目的真實比較起來，都只不過是浮光掠影而已。

註2．出自《聖經》哥林多前書2:9，全文為：「如經上所記：神為愛他的人所預備的是眼睛未曾看見，耳朵未曾聽見，人心也未曾想到的。」

（看題目時請遮住解答。請先完成本測驗再開始新一週的進度。）

Q1 世間所有形而上學的理論與實務法門，都是根基於什麼原則之上？

    Ans. 要讓人瞭解關於自己的「真理」，以及獲得關於自己所存在的這個世界的知識。

Q2 關於自己的「真理」是什麼？

    Ans. 真正的「我」是靈性的存在，因此無法不完美。

Q3 消除一切謬誤的方式為何？

    Ans. 說服自己，使自己能完全相信關於你希望能看見其實現的事物背後的「真理」。

Q4 我們可以為他人做這件事嗎？

    Ans.「天地之心」是不可分割的整體，因此我們既可以這種方式自助，也可以以此助人。

Q5「天地之心」是什麼？

    Ans. 宇宙間一切心靈的總和。

Q6「天地之心」在哪裡？

    Ans.「天地之心」無所不在，祂存在於任何地方。世上無一處沒有祂的存在。因此，祂必定也在我們裡面。祂就是「內在世界」，就是我們的靈、我們的生命。

Q7「天地之心」的本質是什麼？

    Ans. 祂是靈性的存在，因此具有創造的力量。祂不斷在尋求透過有形實體的型態展現其自身。

Q8 我們如何能運行「天地之心」？

    Ans. 我們的「想」這個能力，就是運使「天地之心」、使其化育為各種對我們或他人有益的事物的能力。

Q9（承上題）這裡指的「想」是想些什麼？

Ans. 帶著明確清楚的最終景象，清晰、決斷、冷靜、持續、經過深思的思想。

Q10 如此將會帶來何種成果？

Ans. 你可能也會說：「我所做的事，不是憑著自己做的，乃是住在我裡面的父做他自己的事。」你將能體悟「天父」就是「天地之心」，而祂確實住在你裡面。換言之，你將能體會《聖經》中的美妙應許都是真實不虛的，且任何人只要有足夠的體悟，就都能展現出來。

致富金鑰
：神奇並影響世界首富的 24 堂課

作　者／查爾斯‧哈尼爾
譯　者／王莉莉、許耀仁
美術編輯／達觀製書坊
責任編輯／twohorses
內頁插圖授權／AdobeStock #284063304 by Andrey Kuzmin
企畫選書人／賈俊國
總 編 輯／賈俊國
副總編輯／蘇士尹
行銷企畫／張莉滎　蕭羽猜　黃欣

發 行 人／何飛鵬
法律顧問／元禾法律事務所王子文律師
出　　版／布克文化出版事業部
　　　　　台北市中山區民生東路二段 141 號 8 樓
　　　　　電話：(02)2500-7008 傳真：(02)2502-7676
　　　　　Email：sbooker.service@cite.com.tw
發　　行／英屬蓋曼群島商家庭傳媒股份有限公司城邦分公司
　　　　　台北市中山區民生東路二段 141 號 2 樓
　　　　　書蟲客服服務專線：(02)2500-7718；2500-7719
　　　　　24 小時傳真專線：(02)2500-1990；2500-1991
　　　　　劃撥帳號：19863813；戶名：書蟲股份有限公司
　　　　　讀者服務信箱：service@readingclub.com.tw
香港發行所／城邦（香港）出版集團有限公司
　　　　　香港灣仔駱克道 193 號東超商業中心 1 樓
　　　　　電話：+852-2508-6231　　傳真：+852-2578-9337
　　　　　Email：hkcite@biznetvigator.com
馬新發行所／城邦（馬新）出版集團 Cité (M) Sdn. Bhd.
　　　　　41, Jalan Radin Anum, Bandar Baru Sri Petaling,
　　　　　57000 Kuala Lumpur, Malaysia
　　　　　電話：+603- 9057-8822　　傳真：+603- 9057-6622
　　　　　Email：cite@cite.com.my
印　　刷／韋懋實業有限公司
初　　版／2023 年 6 月
定　　價／380 元
ＩＳＢＮ／978-626-7256-96-1
ＥＩＳＢＮ／9786267337004 (EPUB)

城邦讀書花園　布克文化
www.cite.com.tw　WWW.SBOOKER.COM.TW